Para o Ator

Para o Ator
Michael Chekhov

Tradução
ÁLVARO CABRAL

wmf **martinsfontes**

SÃO PAULO 2019

Esta obra foi publicada originalmente em inglês com o título
TO THE ACTOR – ON THE TECHNIQUE OF THE ACTING
por Harper & Row Publishers Inc., Nova York.
Copyright © 1953 by Michael Chekhov.
Copyright © 1986, Livraria Martins Fontes Editora Ltda.
Copyright © 2010, Editora WMF Martins Fontes Ltda.,
São Paulo, para a presente edição.

1ª edição *1986*
4ª edição *2010*
3ª tiragem *2019*

Tradução
ÁLVARO CABRAL

Revisão da tradução
Vadim Valentinovitch Nikitin
Revisões gráficas
Marise Simões Leal
Lilian Jenkino
Produção gráfica
Geraldo Alves
Paginação
Studio 3 Desenvolvimento Editorial

Dados Internacionais de Catalogação na Publicação (CIP)
(Câmara Brasileira do Livro, SP, Brasil)

Chekhov, Michael, 1891-1955.
 Para o ator / Michael Chekhov ; tradução Álvaro Cabral. – 4ª ed.
– São Paulo : Editora WMF Martins Fontes, 2010.

 Título original: To the actor : on the technique of the acting.
 ISBN 978-85-7827-302-6

 1. Arte dramática 2. Arte dramática – Estudo e ensino 3. Improvisação (Representação teatral) I. Título.

10-10687 CDD-792.028

Índices para catálogo sistemático:
1. Atores de teatro : Arte dramática   792.028
2. Improvisação : Artes da representação   792.028
3. Representação : Teatro   792.028
4. Técnica da representação : Teatro   792.028

Todos os direitos desta edição reservados à
Editora WMF Martins Fontes Ltda.
Rua Prof. Laerte Ramos de Carvalho, 133 01325.030 São Paulo SP Brasil
Tel. (11) 3293.8150 e-mail: info@wmfmartinsfontes.com.br
http://www.wmfmartinsfontes.com.br

Índice

Prefácio à edição brasileira *IX*
Prefácio de Yul Brynner *XIII*
Introdução *XVII*
Uma nota para o leitor *XXI*

Capítulo 1	**Corpo e psicologia do ator**	*1*
Capítulo 2	**Imaginação e incorporação de imagens**	*25*
Capítulo 3	**Improvisação e conjunto**	*41*
Capítulo 4	**Atmosfera e sentimentos individuais**	*57*
Capítulo 5	**O gesto psicológico**	*75*
Capítulo 6	**Personagem e caracterização**	*99*
Capítulo 7	**Individualidade criativa**	*109*
Capítulo 8	**Composição do desempenho**	*119*
Capítulo 9	**Diferentes tipos de desempenho**	*153*
Capítulo 10	**Como abordar o papel**	*163*
Capítulo 11	**Notas finais**	*189*
Capítulo 12	**Exemplos para improvisação**	*199*

A George Shdanoff
que compartilhou comigo do trabalho diligente, da excitação e das alegrias do Chekhov Theater. Sua capacidade de direção e seus experimentos pedagógicos com os princípios do método que apresento neste livro foram influências estimulantes.

Prefácio à edição brasileira

É quase inacreditável que somente agora este livro tenha sido traduzido e lançado no Brasil. O autor é desses monumentais intérpretes que marcam sua carreira pela volúpia de transmitir aos outros, principalmente aos seus colegas atores, os segredos da profissão, que lhe devem ter sido revelados pelos próprios deuses do teatro... Aqui é necessário registrar a saudade do inesquecível Eugênio Kusnet, conterrâneo do autor.

Os ensinamentos de Stanislavski, tanto a preparação psicológica quanto a projeção física da personagem, foram elaborados tendo em vista os atores do Teatro de Arte de Moscou, em ensaios que se estendiam por mais de oito meses. Como aplicar o método entre nós, onde há diretores que encenam peças com três semanas de ensaio? E no cinema, onde o ator dispõe de apenas alguns dias para preparar o seu papel, para não falar da televisão, onde os originais são distribuídos algumas horas antes da gravação? Eis aí a suprema importância deste livro. O elaboradíssimo sistema de Chekhov* foi concebido para os atores do Ocidente, que sempre lutaram com a exigüidade de tempo, sobretudo os colegas americanos, que atuam na Broadway e em Hollywood. O sistema aqui discutido e baseado no ainda atual método de Stanislavski é de fundamental importância, mesmo quando você disponha de apenas um mês para estrear uma comédia ligeira ou uma longa tragédia de Shakespeare.

Sempre houve toneladas de confusão na área da técnica de representar. Sobre exercícios físicos para atores, para se ter uma idéia, já se misturam todas as escolas e técnicas, desde o método de Cooper até as lutas marciais, passando pela capoeira, ioga, musculação e um sem-número de processos de condicionamento. Aqui neste livro, pela primeira vez, você vai encontrar exercícios físicos específicos para atores. Não balé ou ginástica: práticas especialmente elaboradas para os intérpretes que atuam no palco, cinema ou televisão. Esses exercícios, facílimos de serem executados, verdadeiros ovos de Colombo, darão a você, sobre o palco, uma segurança e um à-vontade jamais sonhados.

O trabalho nos exercícios de *desenvoltura*, *beleza* e *integridade* nos leva a um estado de graça, a uma situação de absoluto conforto durante o ato de representar. A incorporação da técnica de *irradiação* liberta o ator do medo, da timidez ou da insegurança diante das platéias mais agressivas. A correta utilização do *centro de energia* transforma a interpretação num jogo fascinante e cheio de surpresas. Os

---

* Na presente edição, este nome assume duas grafias: a resultante da transliteração do russo para o *inglês*, como a de Michael Chekhov ou como a do nome do teatro de Dartington Hall, e a resultante da transliteração do russo para o *português*, como a de Anton Tchekhov, o dramaturgo. A variação se explica pela intenção de obedecer a formas já consagradas. (N. do E.)

exercícios de imaginação e incorporação das imagens são quase uma viagem alucinante.

O *gesto psicológico*, definindo num relance a natureza interior da personagem, queimando etapas na difícil tarefa de caracterização; a *individualidade criativa*; a *composição do desempenho*; *como abordar o papel*; em cada um dos capítulos você descobre revelações simples e práticas, que só um inspiradíssimo mestre poderia descobrir e traduzir.

Como se não bastasse, o livro de Michael Chekhov acaba por questionar as nossas concepções éticas e estéticas, independentemente do fato de sermos profissionais da arte dramática ou não. Nesse ponto é obra indispensável a todos os que trabalham no campo da criação. Desde 1975, quando fiz *Ricardo III*, leio e estudo os ensinamentos do mestre russo. E sempre descubro alguma coisa nova, tal o rigor e a profundidade dos conceitos aqui emitidos.

Para minha surpresa, quando comecei a escrever para o teatro, o livro me serviu também como extraordinário manual de *playwriting*, um guia para o enriquecimento das personagens. É, portanto, obra obrigatória para os dramaturgos. E – por que não dizer? – para todos os seres sensíveis que buscam na beleza e na emoção uma forma de existência compatível com a fantasia que habita cada um de nós.

Juca de Oliveira
março/86

ST. JAMES THEATRE
Nova York, 23 de julho de 1952

Prezado Sr. Chekhov, meu caro Professor:

Creio que a última vez que tive oportunidade de falar com o senhor foi há uns dez anos. Não acredito que lhe tenha contado, durante o ano, mais ou menos, em que tive o privilégio de trabalhar com o senhor, toda a história dos meus esforços no sentido de realizar profissionalmente a sua teoria da arte de representar.

Tudo começou em fins da década de 1920, quando o vi num repertório de peças que fez em Paris: *O Inspetor Geral*, *Eric XIV*, *Noite de Reis*, *Hamlet*, etc. Saí do teatro com a profunda convicção de que só através do senhor eu poderia descobrir aquilo que procurava obter no meu trabalho: um modo concreto e tangível de alcançar o domínio dessa coisa esquiva, indefinível, a que se dá o nome de técnica de representar.

Esses esforços prosseguiram ao longo dos anos, e tal meta parecia-me, a maior parte do tempo, inatingível. Tentei juntar-me ao seu grupo quando o senhor iniciou o Chekhov

Theater em Dartington Hall, na Inglaterra. Depois, soube que se transferira para os Estados Unidos com a maior parte do seu grupo, a fim de continuar o seu trabalho em Connecticut, e levei muitos anos percorrendo o mundo, ao sabor dos acontecimentos, até chegar finalmente aos Estados Unidos com o exclusivo propósito de trabalhar com o senhor.

Agora, tendo em minhas mãos o manuscrito de *Para o Ator*, realizei o meu objetivo completo. Em *Para o Ator* encontro o que estava procurando e tentando descobrir para mim mesmo; exatamente o que tentei aplicar ao meu trabalho desde o breve período em que tive o privilégio de trabalhar com o senhor. Pois, embora visitasse muitas escolas e numerosos atores, diretores e professores muito famosos e criativos, nunca encontrei quem me ensinasse uma das partes mais importantes da técnica de representar. Eles sabiam perfeitamente como ensinar dicção. Sabiam bem como ensinar-nos a usar com eficiência as deixas, mas, sobretudo, faziam-nos explorar a parte vital e sumamente importante da atuação – nós próprios – apenas com "regras" vagamente formuladas, que eu achava ser apenas terminologia, uma série de noções abstratas que não continham qualquer ajuda concreta.

Quando se é pianista, conta-se com um instrumento exterior que se pode aprender a dominar através do trabalho dos dedos e de exercícios árduos, e com isso o artista criativo pode executar e expressar a sua arte. Nós, porém, como atores, temos que trabalhar com o instrumento mais difícil de dominar, isto é, o nosso próprio eu – o nosso ser físico e o nosso ser emocional. É daí, creio, que decorre toda a confusão das diferentes escolas de arte dramática e é por isso que o seu manuscrito, que tenho diante de mim, vale mais do que o seu peso em ouro para todos os atores – na verdade, acredito que para todos os artistas criativos.

Como disse antes, tudo o que aprendi com o senhor venho aplicando ao longo dos anos, em todos os veículos de comunicação onde tenho trabalhado, não só como ator mas também como diretor, não só no teatro mas também na televisão, no trabalho de câmera, de montagem, de cenografia, enfim, na coordenação da coisa complexa que é uma produção teatral ao vivo para a televisão.

No meu entender, o seu livro *Para o Ator* é de tão longe o melhor no gênero que não pode sequer começar a ser comparado com qualquer outro que tenha vindo a lume nesse campo. E, na minha opinião, a sua leitura é tão fascinante quanto a da melhor obra de ficção que já esteve sob os meus olhos.

Neste ponto, só posso expressar meus agradecimentos por ter tornado acessível, a mim e a outros artistas, um livro que, embora breve, é sumamente valioso para quem queira dominar o que o senhor designa como "processo criativo".

Seu,

Introdução

Este livro é o resultado de espiar atrás da cortina do *Processo Criativo* – uma bisbilhotice irrefreável que começou há muitos anos na Rússia, no Teatro de Arte de Moscou, ao qual estive associado durante dezesseis anos. Trabalhei ao longo desse período com Stanislavski, Nemirovitch-Dantchenko, Vakhtangov e Sulerjitski. Na minha condição de ator, diretor, professor e, finalmente, principal dirigente do Segundo Teatro de Arte de Moscou, pude desenvolver meus métodos de interpretação e direção e formulá-los numa técnica bem definida, da qual este livro é um fruto.

Depois de deixar a Rússia, trabalhei por muitos anos em teatros da Letônia, Lituânia, Áustria, França, Inglaterra, e com Max Reinhardt na Alemanha.

Tive também a boa sorte e o privilégio de conhecer e observar atores e diretores renomados de todos os tipos e tradições, entre eles personalidades inesquecíveis como Chaliapin, Meyerhold, Moissi, Jouvet, Gielgud e outros.

Pude ainda adquirir muitos conhecimentos úteis enquanto dirigi *Noite de Reis* para o Teatro Hebraico Habima na Europa, a ópera *Parsifal* em Riga e a ópera *A Feira de Sorochinsk* em Nova York. Durante meu trabalho nessa última produção, uma série de discussões que tive com o falecido Serguéi Rakhmaninnoff inspirou muitas contribuições adicionais para essa técnica.

Em 1936, o sr. e a sra. L. K. Elmhirst e a srta. Beatrice Straight inauguraram uma escola de arte dramática em Dartington Hall, Devonshire, Inglaterra, com a intenção de criar o Chekhov Theater. Como diretor dessa escola, tive a oportunidade de realizar um grande número de valiosos experimentos relacionados com minha técnica. Esses experimentos prosseguiram depois que a escola foi transferida para os Estados Unidos às vésperas da Segunda Guerra Mundial e, além disso, durante o desdobramento das atividades da escola como teatro profissional, conhecido como os *Chekhov Players*.

Esse teatro poderia ter continuado a aventurar-se em alguns novos princípios de arte dramática no decorrer de sua *tournée* como companhia de repertório clássico; entretanto, sua atividade se viu interrompida quando a maioria de seus membros do sexo masculino foram chamados às armas. Meus experimentos prosseguiram a custo por mais algum tempo com a ajuda de atores da Broadway mas acabaram por ser adiados indefinidamente quando muitos dos atores dessa companhia foram também servir nas Forças Armadas.

Agora, depois de todos esses anos de testes e verificações experimentais, sinto ter chegado o momento de confiar as idéias ao papel e oferecê-las como o trabalho de minha vida ao julgamento de meus colegas e do grande público.

Assim, desejo expressar minha gratidão, em primeiro lugar, a Paul Marshall Allen, por sua generosa ajuda na versão formativa; a Betty Raskin Appleton, Dr. Serguéi Bertensson, Leonidas Dudarev-Ossetinski, Hurd Hatfield e, em particular, a Deirdre du Prey, meu ex-aluno e qualificado professor do método, por suas respectivas contribuições.

Uma nota especial de apreço é reservada para Charles Leonard, teatrólogo-produtor-diretor, cujo sólido conhecimento do método e compreensão de suas aplicações em vários ramos do palco, na tela, no rádio e na televisão levaram-me a entregar-lhe a tarefa de editoração desta versão final do manuscrito. Sou-lhe profundamente grato por seu trabalho inestimável.

Michael Chekhov
Beverly Hills, Califórnia
1952

Uma nota para o leitor

Necessito de sua ajuda.

A natureza intricada do assunto requer não só uma leitura concentrada, não só uma compreensão clara, mas também cooperação com o autor. Pois o que poderia facilmente ser compreensível pelo contato e demonstração pessoal deve necessariamente depender de meras palavras e de conceitos intelectuais.

Muitas das interrogações que podem surgir em sua mente durante ou depois da leitura de cada capítulo poderão ser respondidas através da aplicação prática dos exercícios aqui prescritos. Lamentavelmente, não existe outro modo de cooperar: a técnica de representação jamais poderá ser adequadamente entendida sem que seja *praticada*.

M. C.

A técnica de qualquer arte é, por vezes, suscetível de abafar, por assim dizer, a centelha de inspiração num artista medíocre; mas a mesma técnica nas mãos de um mestre pode avivar a centelha e convertê-la numa chama inextinguível.

Josef Jasser

Capítulo 1
Corpo e psicologia do ator

> Nossos corpos podem ser nossos
> melhores amigos ou nossos piores
> inimigos.

É fato conhecido que o corpo humano e a psicologia se influenciam mutuamente e estão em constante interação. Tanto um corpo subdesenvolvido quanto um muscularmente superdesenvolvido podem facilmente turvar a atividade da mente, embotar os sentimentos ou debilitar a vontade. Como cada campo e cada profissão são presas fáceis de hábitos ocupacionais característicos, doenças e riscos que afetam inevitavelmente seus trabalhadores, é raro encontrar um completo equilíbrio ou harmonia entre o corpo e a psicologia.

Mas o ator, que deve considerar seu corpo como um instrumento para expressar idéias criativas no palco, *deve* lutar pela realização de completa harmonia entre corpo e psicologia.

Existem atores que podem sentir seus papéis profundamente, compreendê-los com uma limpidez cristalina, mas são incapazes de expressar e transmitir a uma platéia essa riqueza interior. Esses maravilhosos pensamentos e emoções estão como que acorrentados, de algum modo, dentro de seus corpos subdesenvolvidos. O processo de ensaiar e de atuar é, para eles, uma batalha dolorosa contra sua própria "carne demasiado sólida", como disse Hamlet. Mas não é o caso de consternar-se. Todo ator, em maior ou menor grau, sofre alguma resistência de seu corpo.

Exercícios físicos são necessários para superar isso, mas devem-se basear em princípios diferentes dos usados na maioria das escolas de arte dramática. Ginástica, esgrima, dança, acrobacia, exercícios calistênicos e luta são indubitavelmente bons e úteis dentro de seus respectivos limites, mas o corpo de um ator deve passar por um tipo especial de desenvolvimento, de acordo com os requisitos particulares de sua profissão.

Quais são esses requisitos?

Em primeiro lugar, e acima de tudo, está a extrema *sensibilidade* do corpo para os *impulsos criativos psicológicos*. Isso não pode ser conseguido por exercícios estritamente físicos. A própria psicologia deve tomar parte em tal desenvolvimento. O corpo de um ator deve absorver qualidades psicológicas, deve ser por elas impregnado, de modo que o convertam gradualmente numa membrana sensitiva, numa espécie de receptor e condutor de imagens, sentimentos, emoções e impulsos volitivos de extrema sutileza.

A partir do último quartel do século XIX vem reinando uma perspectiva materialista do mundo, com poder sempre crescente, tanto na esfera da arte quanto na ciência e na vida cotidiana. Por conseguinte, apenas as coisas que são tangíveis, as coisas que são palpáveis e têm uma aparência exterior de fenômenos vitais parecem suficientemente válidas para atrair a atenção do artista.

Sob a influência de conceitos materialistas, o ator contemporâneo é constantemente, por necessidade pura e simples, induzido à prática perigosa de eliminar os elementos psicológicos de sua arte e de superestimar o significado do físico. Assim, à medida que se afunda cada vez mais nesse ambiente inartístico, seu corpo se torna cada vez menos animado, cada vez mais superficial, denso, como um títere, e em casos extremos assemelha-se até a uma espécie de autômato de sua era mecanicista. A venalidade torna-se um substituto conveniente da originalidade. O ator começa recorrendo a toda a sorte de truques e clichês teatrais e não tarda a acumular um grande número de hábitos peculiares de atuação e de maneirismos corporais; mas, por muito bons ou maus que sejam ou pareçam ser, eles são apenas um substituto de seus reais sentimentos e emoções artísticas, da autêntica excitação criativa no palco.

Além disso, sob o poder hipnótico do materialismo moderno, os atores são até propensos a negligenciar a fronteira que deve separar a vida cotidiana da vida no palco. Esforçam-se, pelo contrário, por levar a vida-tal-como-é para o palco e, assim fazendo, convertem-se em fotógrafos triviais, ordinários, em vez de artistas. São perigosamente propensos a esquecer que a verdadeira tarefa do artista criativo não é só copiar a aparência exterior de vida mas *interpretar* a vida em todas as suas facetas e em toda a sua profundidade, mostrar o que está por trás dos fenômenos da vida, deixar que o espectador olhe mais além das superfícies e dos significados da vida.

Pois não é o artista, o ator, em seu sentido mais verdadeiro e mais autêntico, um ser dotado da capacidade de ver e vivenciar coisas que são obscuras para a pessoa comum? E não é sua missão real, seu jubiloso instinto, transmitir ao espectador, como uma espécie de revelação, *suas* impressões muito pessoais de coisas tal como *ele* as vê e sente? Entretanto, como pode o ator fazer isso se seu corpo está acorrentado e limitado, em sua expressividade, pela força de influências inartísticas e não-criativas? Uma vez que seu corpo e sua voz são os únicos instrumentos físicos de que dispõe, não é seu dever protegê-los contra coerções que são hostis e deletérias para sua profissão?

O pensamento frio, analítico, materialista tende a sufocar o impulso da imaginação. Para neutralizar essa intrusão fatal, o ator deve empreender sistematicamente a tarefa de alimentar seu corpo com outros impulsos que não aqueles que o impelem a um modo apenas materialista de viver e pensar. Seu corpo só pode ser de valor ótimo quando motivado por um fluxo incessante de impulsos artísticos; só então poderá ser mais refinado, flexível, expressivo e, o mais vital de tudo, sensível e receptivo às sutilezas que constituem a vida interior do artista criativo. Pois o corpo do ator deve ser moldado e recriado a partir de *dentro*.

Assim que começa praticando, ficará atônito ao ver até que ponto e com que avidez o corpo humano, especialmente o corpo de um ator, pode consumir e responder a todas as espécies de valores puramente psicológicos. Portanto, para o desenvolvimento de um ator, devem ser encontrados e aplicados exercícios psicológicos especiais. Os primeiros nove exercícios estão planejados para preencher esse requisito.

Isso nos leva a delinear o segundo requisito, que é a *riqueza da própria psicologia*. Um corpo sensível e uma psicologia rica, de cores vivas, são complementares e criam essa harmonia tão necessária à realização do objetivo profissional do ator.

O ator conseguirá isso se ampliar constantemente o círculo de seus interesses. Deve tentar vivenciar ou assumir a psicologia de pessoas de outras eras, lendo peças de época, romances históricos ou mesmo a própria História. Enquanto faz isso, tentará penetrar no pensamento dessas pessoas e personagens sem lhes impor seus modernos pontos de vista, seus conceitos morais, seus princípios sociais ou qualquer outra coisa que seja de natureza ou opinião pessoal. Tentará compreendê-las através do modo de vida *delas* e das circunstâncias em que existiram. Rejeitará a noção dogmática e enganadora de que a personalidade humana nunca muda, permanecendo a mesma através dos tempos e em todas as idades. (Ouvi certa vez um ator eminente dizer: "O Hamlet era apenas um cara como eu!" Num instante ele traíra aquela preguiça interior que o impedira de penetrar mais profundamente na personalidade de Hamlet e aquela ausência de interesse por tudo o que estivesse além dos limites de sua própria psicologia.)

O ator deve, analogamente, tentar penetrar na psicologia de diferentes nações; tentar definir suas características específicas, seus traços psicológicos dominantes, suas idiossincrasias, seus interesses e suas artes. Pôr a claro as principais diferenças que distinguem entre si essas noções.

Além disso, deve esforçar-se por penetrar na psicologia de pessoas a sua volta e em relação às quais não sente simpatia. Deve tentar descobrir nelas qualidades boas, positivas, que talvez não tenha notado antes. Deve fazer uma tentativa para vivenciar o que elas vivenciam, perguntando a si mesmo por que elas sentem ou agem de um determinado modo.

Mantendo-se objetivo, ampliará imensamente sua própria psicologia. Todas essas experiências indiretas afundarão, por seu próprio peso, em seu corpo, tornando-o mais sensível, mais nobre e mais flexível. E sua capacidade para penetrar na vida interior das personagens que está estudando profissionalmente se tornará mais aguçada, mais nítida. Começará por descobrir esse inexaurível fundo de originalidade, inventiva e engenhosa, que, como ator, é capaz de exibir. Estará apto a captar em suas personagens aquelas características sutis mais fugidias que ninguém mais, senão o ator, pode ver e, por conseguinte, revelar a seu público.

E se, além das sugestões acima, adquirir o hábito de suprimir toda a crítica desnecessária, seja na vida, seja em seu trabalho profissional, estará acelerando consideravelmente seu desenvolvimento.

O terceiro requisito é a *completa obediência do corpo e da psicologia ao ator*. O ator que se tornar senhor absoluto de si mesmo e de seu ofício banirá o elemento de "acidente" de sua profissão e criará uma base sólida para seu talento. Somente um comando indiscutível de seu corpo e de sua psicologia lhe dará a autoconfiança, a liberdade e a harmonia necessárias a sua criatividade. Pois na moderna vida cotidiana não fazemos uso suficiente ou apropriado de nossos corpos e, em conseqüência, a maioria de nossos músculos torna-se fraca, sem flexibilidade, insensível. Eles devem ser reativados para que não lhes falte elasticidade. O método sugerido neste livro leva-nos à realização desse terceiro requisito.

Passemos agora ao trabalho prático e comecemos fazendo nossos exercícios. Evite executá-los mecanicamente e procure manter sempre em mente o objetivo final de cada um deles.

Exercício 1

Faça uma série de movimentos amplos, mas simples, usando o máximo de espaço a sua volta. Envolva e utilize o corpo todo. Movimente-se com suficiente vigor mas sem forçar desnecessariamente os músculos. Devem-se executar movimentos que "representem" o seguinte:

Abra-se completamente, escancarando os braços e espalmando as mãos como se estivesse abrindo as asas para alçar vôo, com as pernas bem separadas. Mantenha-se nessa posição expandida por alguns segundos. Imagine que está ficando cada vez maior. Volte à posição original. Repita o mesmo movimento numerosas vezes. Conserve presente em seu espírito a finalidade do exercício, dizendo a si mesmo: "Vou despertar os músculos adormecidos de meu corpo; vou reanimá-los e usá-los."

Agora *feche-se*, cruzando os braços sobre o peito e colocando as mãos nos ombros. Ajoelhe-se em um ou em ambos os joelhos, inclinando a cabeça para a frente e para baixo. Imagine que está ficando cada vez mais pequenino, enroscando-se, contraindo-se como se quisesse desaparecer corporalmente dentro de si mesmo e como se o espaço a sua volta estivesse encolhendo. Um outro conjunto de seus músculos será acordado por esse movimento de contração.

Volte à posição ereta e *projete* seu corpo para a frente sobre uma perna, abrindo um ou ambos os braços. Faça o mesmo movimento de *alongamento* lateralmente, para a direita, para a esquerda, usando o máximo de espaço que puder a sua volta.

Faça um movimento que se assemelhe a um ferreiro *batendo* seu martelo na bigorna.

Faça movimentos diferentes, amplos, bem modelados – como se estivesse, sucessivamente, *lançando* alguma coisa em distintas direções, *erguendo* algum objeto do chão, *segurando-o* bem acima de sua cabeça ou *arrastando-o, empurrando-o* e *atirando-o para o alto*. Tais movimentos devem ser completos, com suficiente vigor e num ritmo moderado. Evite os movimentos de dança. Não retenha a respiração enquanto se movimenta. Não se apresse. Faça uma pausa após cada movimento.

Esse exercício dar-lhe-á aos poucos um vislumbre das sensações de *liberdade* e de *vida mais plena*. Deixe essas sensações impregnarem profundamente seu corpo, como as primeiras qualidades psicológicas a serem absorvidas.

Exercício 2

Depois de ter ensinado a si mesmo, por meio desse exercício preparatório, a produzir esses movimentos simples, amplos e livres, continue fazendo-os de um outro modo. Imagine que existe dentro de seu peito um centro de onde fluem os impulsos para todos os seus movimentos. Pense nesse centro imaginário como uma fonte de atividade e de poder internos de seu corpo. Envie esse poder para a cabeça, braços, mãos, torso, pernas e pés. Deixe que a sensação de vigor, harmonia e bem-estar penetre seu corpo todo. Cuide que seus ombros, cotovelos, pulsos, quadris e joelhos não sustem o fluxo dessa energia que vem do centro imaginário mas a deixem circular livremente. Lembre-se de que as articulações não existem para tornar seu corpo rígido mas, pelo contrário, para habilitá-lo a usar seus membros com superlativa liberdade e flexibilidade.

Imaginando que seus braços e pernas se originam nesse centro dentro de seu peito (não nos ombros e nos quadris), tente uma série de movimentos naturais: erga e abaixe os braços, estenda-os em diferentes direções, caminhe, sente-se, levante-se, deite-se; desloque diferentes objetos; vista seu sobretudo, suas luvas, seu chapéu; dispa-os, etc. Atente para que todos os movimentos que faz sejam realmente instigados por essa energia que flui do centro imaginário dentro de seu peito.

Enquanto está executando esse exercício, tenha presente em sua mente um outro e importante princípio: a energia que flui do centro imaginário dentro de seu peito e o conduz através do espaço deve *preceder* o próprio movimento; isto é, primeiro envie o impulso para o movimento e só então, um instante mais tarde, execute o próprio movimento. Enquanto caminha para diante, para os lados ou para trás, deixe que o próprio centro saia, por assim dizer, de seu peito alguns centímetros a sua frente, na direção do movimento. Deixe que seu corpo *siga* o centro. Isso fará com que seu andar, assim como todo e qualquer movimento, seja suave, gracioso e artístico, tão agradável de fazer quanto de ver.

Realizado o movimento, não corte abruptamente o fluxo de energia gerada do centro mas deixe que ela continue fluindo e irradiando por algum tempo além das fronteiras de seu corpo e no espaço a sua volta. Essa energia deve não só preceder cada um de seus movimentos mas também *segui-lo*, para que a sensação de liberdade seja estimulada pela de poder, colocando assim uma outra realização psicofísica sob seu controle. Você experimentará cada vez mais aquele forte sentimento que pode ser designado como a *presença* do ator no palco. Enquanto se defrontar com o público, você nunca estará inibido, contrafeito, nunca sofrerá de qualquer espécie de medo ou falta de confiança em si mesmo como artista.

O centro imaginário também lhe dará a sensação de que todo o seu corpo está se aproximando, por assim dizer, do tipo "ideal" de corpo humano. Tal como um músico, que só pode tocar num instrumento bem afinado, também o ator terá a sensação de que seu corpo "ideal" o habilita a fazer dele o maior uso possível, a dar-lhe todas as espécies de características exigidas pelo papel em que estiver trabalhando. Assim, continue esses exercícios até sentir que o poderoso centro no interior de seu peito tornou-se uma parte natural do corpo e deixou de exigir qualquer atenção ou concentração especial.

O centro imaginário também serve a outras finalidades, as quais serão discutidas mais adiante.

Exercício 3

Tal como antes, execute fortes e amplos movimentos com todo o seu corpo. Mas agora diga a si mesmo: "À semelhança de um escultor, eu *moldo* o espaço que me cerca. No ar a minha volta deixo formas que parecem ser cinzeladas pelos movimentos de meu corpo."

Crie formas fortes e definidas. Para fazer isso, pense no começo e no final de cada movimento que executa. Repita a si mesmo: "Agora, *começo* meu movimento, que cria uma forma" e, depois de completá-lo: "Agora, *terminei-o*; a forma aí está." Ao mesmo tempo, pense e sinta seu próprio corpo como uma forma *móvel*. Repita cada movimento muitas vezes, até que ele se torne livre, solto e sumamente agradável de fazer. Seus esforços se assemelharão aos de um desenhista que traça repetidas vezes a mesma linha, na tentativa de obter uma forma melhor, mais clara e mais expressiva. Mas, para não perder a qualidade de modelação de seu movimento, imagine o ar a sua volta como um meio que lhe oferece resistência. Procure também fazer os mesmos movimentos em diferentes cadências.

Tente em seguida reproduzir esses movimentos usando apenas diferentes partes do corpo: molde o ar a sua volta somente com os ombros e as omoplatas, depois com as costas, os cotovelos, os joelhos, a testa, as mãos, os dedos, etc. Em todos esses movimentos preserve a sensação de força e de energia interior fluindo através e para fora de seu corpo. Evite a desnecessária tensão muscular. A bem da simplicidade, faça os movimentos de modelação primeiro sem imaginar um centro no interior do peito e, alguns momentos depois, imaginando-o.

Agora, tal como no exercício anterior, volte aos simples movimentos naturais e às tarefas cotidianas, usando o centro e não só preservando mas também combinando as sensações de vigor, poder de modelagem e forma.

Quando entrar em contato com diferentes objetos, tente vazar neles sua força, enchê-los com sua energia. Isso desenvolverá sua capacidade para manipular objetos (adereços de mão no palco) com suprema perícia e desenvoltura. Do mesmo modo, aprenda a estender essa força a seus parceiros em cena (mesmo a distância); isso se tornará um dos meios mais simples de estabelecer verdadeiros e firmes contatos com quem está no palco, o que constitui uma importante parte da técnica de que nos ocuparemos mais adiante. Despenda sua energia prodigamente; ela é inexaurível e, quanto mais dispendê-lá, mais ela se acumulará em você.

Conclua esse exercício (assim como os Exercícios 4, 5 e 6) com uma tentativa de treinamento separado de suas *mãos* e de seus *dedos*. Faça qualquer série natural de movimentos: apanhe, desloque, levante, pouse, toque e transporte diferentes objetos, grandes e pequenos. Cuide que suas mãos e seus dedos estejam cheios do mesmo poder de modelagem e que também eles criem formas com cada movimento. Não é necessário exagerar seus movimentos nem há por que desencorajar-se com o fato de que, no início, eles possam parecer ligeiramente inaptos e redundantes. As mãos e os dedos de um ator podem ser sumamente expressivos no palco se forem bem desenvolvidos, sensíveis e economicamente usados.

Tendo adquirido suficiente técnica na execução desses movimentos de modelagem e tendo sentido prazer em executá-los, diga então a si mesmo: "Cada movimento que faço é uma pequena obra de arte, estou fazendo-o como um artista. Meu corpo é um excelente instrumento para produzir movimentos de modelagem e para a criação de formas. Através de meu corpo, estou apto a transmitir ao espectador minha força e minha energia interiores." Deixe esses pensamentos mergulharem fundo em seu corpo.

Este exercício habilitará constantemente o ator a criar formas para tudo o que fizer no palco. O ator desenvolverá o gosto pela forma e ficará artisticamente insatisfeito com quaisquer movimentos que forem vagos e informes ou com gestos, falas, pensamentos, sentimentos e impulsos volitivos amorfos, sempre que os encontrar em si mesmo e em outros durante seu trabalho profissional. Entenderá e ficará convencido de que a vacuidade e a informidade não têm lugar na arte.

Exercício 4

Repita os movimentos largos e amplos dos exercícios anteriores, utilizando o corpo todo; depois mude para os simples movimentos naturais e, finalmente, exercite-se somente com as mãos e os dedos.

Agora, porém, desperte em si mesmo ainda um outro pensamento: "Meus movimentos estão *flutuando* no espaço, fundindo-se suave e belamente uns nos outros." Tal como no exercício anterior, todos os movimentos devem ser simples e bem modelados. Deixe que eles fluam e refluam como grandes ondas. Assim como antes, evite a desnecessária tensão muscular mas, por outro lado, não deixe que os movimentos se tornem fracos, vagos, incompletos ou informes.

Nesse exercício, imagine o ar a sua volta como uma superfície aquática que o sustenta e à tona da qual seus movimentos deslizam facilmente.

Mude as cadências. Faça uma pausa de tempos em tempos. Considere seus movimentos como pequenas peças de arte, assim como em todos os demais exercícios sugeridos neste capítulo. Uma sensação de *calma, estabilidade* e *con-*

forto psicológico serão sua recompensa. Preserve essas sensações e deixe que elas tomem todo o seu corpo.

Exercício 5

Se você já observou pássaros voando, poderá facilmente apreender a idéia subentendida nestes próximos movimentos. Imagine todo o seu corpo voando através do espaço. Assim como nos exercícios anteriores, seus movimentos devem fundir-se entre si, sem se tornarem informes. No presente exercício, o vigor físico de seus movimentos pode aumentar ou diminuir de acordo com seu desejo mas nunca desaparecer por completo. Psicologicamente, você deve manter constante seu vigor, podendo permanecer numa posição estática exteriormente mas conservando no íntimo o sentimento de estar ainda pairando nas alturas. Imagine o ar a sua volta como um meio que instiga seus movimentos de vôo. Seu desejo deve ser superar o peso de seu corpo, combater a lei da gravidade. Enquanto se movimenta, altere as cadências. Uma sensação de jubilosa *leveza e desenvoltura impregnará todo o seu corpo*.

Inicie também esse exercício com os movimentos largos e amplos. Depois, passe aos gestos naturais. Enquanto executa os movimentos cotidianos, assegure-se de que preserva sua autenticidade e sua simplicidade.

Exercício 6

Inicie este exercício, como sempre, com os movimentos vastos e amplos dos exercícios anteriores; passe então aos movimentos simples, naturais, sugeridos a seguir. Erga o braço, abaixe-o, estenda-o para a frente, para o lado; caminhe pelo quarto, deite-se, sente-se, levante-se, etc. mas, continuamente e de antemão, envie os *raios* de seu corpo para o espaço a sua volta, na direção do movimento que estiver fazendo, e depois de o movimento ter sido executado.

Talvez você se pergunte, intrigado, como poderá continuar, por exemplo, sentando-se, depois de ter estado realmente sentado. A resposta é simples, se se lembrar de que se sentou cansado e abatido. Seu corpo *físico* adotou, é certo, essa posição final, mas, *psicologicamente*, você continuará a "sentar-se" enquanto *irradiar* que se está sentando. Você experimenta essa radiação na sensação de fruir seu relaxamento. O mesmo se dá com o movimento de levantar-se enquanto se imagina extenuado e abatido: seu corpo resistirá e, muito antes de você realmente se levantar, já o estará fazendo interiormente; estará irradiando "levantar-se" e continuará levantando-se quando já se encontrar realmente de pé. É claro que isso não pretende sugerir que você deva "representar" ou fingir que está cansado durante esse exemplo. Trata-se meramente de uma ilustração do que poderia acontecer numa dada circunstância da vida real. Nesse exercício, isso deve ser feito com todos os movimentos que redundem numa posição *fisicamente* estática. A *irradiação* deve preceder e seguir-se a todos os movimentos reais.

Enquanto estiver irradiando, esforce-se, por assim dizer, para sair muito além das fronteiras de seu corpo. Envie seus raios para diferentes direções a partir de seu corpo todo, imediatamente, e depois através de suas várias partes: braços, dedos, palmas, testa, peito e costas. Você poderá ou não usar o centro em seu peito como manancial de sua irradiação. Encha todo o espaço a sua volta com essas radiações. (Na realidade, trata-se do mesmo processo de emissão de força mas possui uma qualidade muito mais leve. Esteja igualmente atento para as sutis diferenças entre os movimentos de vôo e de irradiação, até que a prática os torne facilmente evidentes.) Imagine que o ar a sua volta está repleto de luz.

O ator não deve ser perturbado por dúvidas sobre se está realmente irradiando ou apenas imaginando o que faz. Se sincera e convincentemente imagina que está emitindo raios, a imaginação conduzi-lo-á gradual e fielmente ao processo real de irradiação.

Uma sensação de existência genuína e de significado concreto de seu *ser interior* será o resultado desse exercício. É freqüente que os atores não se apercebam desse tesouro no íntimo de si mesmos, ou que o esqueçam, e quando estão em cena confiam muito mais do que o necessário em seus meios meramente externos de expressão. O uso exclusivo de expressões exteriores é prova gritante de como alguns atores esquecem ou ignoram que as personagens que eles retratam possuem uma alma viva e que essa alma só pode tornar-se manifesta e convincente através de poderosa *irradiação*. De fato, nada existe na esfera de nossa psicologia que não possa ser assim irradiado.

Outras sensações que o ator experimentará serão as de liberdade, felicidade e bem-estar íntimo. Esses sentimentos impregnam o corpo todo e o tornam cada vez mais vivo, sensível e receptivo. (Comentários adicionais sobre Irradiação podem ser encontrados no final deste capítulo.)

Exercício 7

Quando o ator estiver completamente familiarizado com essas quatro espécies de movimentos (moldagem, flutuação, vôo e irradiação) e apto a executá-los com facilidade, tentará então reproduzi-los unicamente em sua imaginação. Repetirá isso até poder facilmente duplicar as mesmas sensações psicológicas e físicas que experimentou enquanto se movimentava de fato.

Em toda peça de arte grande e verdadeira encontraremos sempre quatro qualidades que o artista colocou em sua criação: *Desenvoltura, Forma, Beleza* e *Integridade*. Essas quatro qualidades também devem ser desenvolvidas pelo ator; seu corpo e sua fala devem estar imbuídos delas porque são os únicos instrumentos de que dispõe no palco. Seu corpo deve tornar-se uma peça de arte em si mesmo, deve adquirir essas quatro qualidades, deve vivenciá-las interiormente.

Tratemos primeiro da qualidade da *Desenvoltura*. Enquanto se representa, os movimentos pesados e a fala inflexível são capazes de deprimir e até de repelir uma platéia. O peso num artista é uma força não-criativa. No palco, pode existir somente como um *tema*, mas nunca como uma maneira de atuar. "É a leveza de toque que mais do que qualquer outra coisa faz o artista", disse Edward Eggleston. Por outras palavras, a *personagem* no palco pode ser pesada, canhestra nos movimentos e inarticulada na fala; mas aquele que a interpreta, como *artista*, deve sempre usar leveza e desenvoltura. Nunca se confundirão as qualidades da personagem com as do próprio intérprete como artista, se este tiver aprendido a distinguir entre *o que* representa (o tema, a personagem) e *como* fazê-lo (o modo, a maneira de representar).

A desenvoltura relaxa o corpo e o espírito; portanto, é também muito semelhante ao humor. Alguns comediantes recorrem a um meio pesado de expressão humorística, como ficar com o rosto vermelho como um pimentão, fazer caretas, contorcer o corpo e castigar as cordas vocais... e, no entanto, os risos não surgem. Outros comediantes usam os mesmos recursos pesados, mas com desembaraço e fineza, e são coroados de êxito. Uma ilustração ainda melhor é um excelente palhaço que cai "pesadamente" no chão mas com tanta elegância e desenvoltura artística que é impossível deixarmos de rir. Os exemplos supremos e incomparáveis são, é claro, a maneira fácil, desenvolta, por trás dos gestos pesadamente grotescos de um Charlie Chaplin ou de um palhaço como Grock.

A qualidade de Desenvoltura é melhor adquirida através dos exercícios nos movimentos de vôo e irradiação, que por agora já lhe são familiares.

De importância semelhante é o senso da *Forma*. Um ator pode ser convocado para interpretar uma personagem que o autor escreveu como um tipo indefinido, tíbio, de pessoa, ou poderá ter de fazer um tipo perplexo, desorientado, caótico de homem, sem senso de forma, com uma fala confusa e mesmo gaguejante. Mas tal personagem só deve ser considerada tematicamente como o *que* o ator está interpretando. *Como* este o interpreta dependerá de até que ponto é completo e perfeito seu sentimento de *forma*. A tendência para a clareza de forma é evidente mesmo nas obras inacabadas e nos *sketches* dos grandes mestres. Criar com formas nítidas, precisas, é uma habilidade que os artistas em todas as áreas podem e devem necessariamente desenvolver em alto grau.

Os exercícios nos movimentos de modelagem são os que melhor podem servir ao ator para adquirir a qualidade da Forma.

E quanto à *Beleza*? Afirma-se com freqüência que a beleza é o resultado de uma conglomeração de muitos elementos psicofísicos. Isso é verdade, sem dúvida. Mas o ator que tenta exercícios em beleza não deve procurar experimentar a beleza analítica ou indiretamente mas, pelo contrário, de um modo instantâneo e intuitivo. Pois o ator que concebe e entende a beleza como sendo unicamente uma confluência de vários elementos será levado a muita confusão, o que irá resultar em inúmeros erros de treinamento.

Antes de começar a exercitar-se na beleza, o ator deve pensar nela como sendo dotada de aspectos bons e maus, certos e errados, pertinentes e inadequados. Pois a beleza, como todas as coisas positivas, tem seus lados sombrios. Se a audácia é uma virtude, a temeridade irrefletida, a fanfarronada insensata são seu lado negativo; se a cautela, a prudência, são qualidades positivas, o medo cego é seu negativo, e assim por diante. O mesmo deve ser dito da beleza. A verdadeira beleza tem suas raízes no *íntimo* do ser humano, ao passo que a falsa beleza está apenas no exterior. O "exibicionismo" é o lado negativo da beleza, assim como o sentimentalismo, a doçura, a egolatria e outras vaidades tais. Um ator que desenvolve um senso de beleza simplesmente para *comprazer-se*, para seu próprio deleite, cria apenas uma aparência enganosa, um brilho superficial, um frágil verniz. Sua finalidade deve ser adquirir esse senso unicamente para sua arte. Se for capaz de extrair de seu senso de beleza o ferrão do egoísmo, estará fora de perigo.

Mas poderão perguntar: "Como poderei desempenhar situações feias e personagens repulsivas se minha criação tem de ser bela? Essa beleza não me privará da expressividade?" A resposta, em princípio, continua sendo a mesma que para distinguir entre *o que* e *como*, entre o tema e o modo de interpretá-lo, entre a personagem ou a situação e o artista com um bom senso bem desenvolvido de beleza e bom gosto. A fealdade expressa no palco por meios inestéticos irrita os nervos do público. O efeito de tal desempenho é mais *fisiológico* do que psicológico. A influência inspiradora da arte fica paralisada em tais casos. Mas, esteticamente interpretado, um tema, uma personagem ou uma situação desagradável preservam o poder de enaltecimento e inspiração no público. A beleza com que semelhante tema é interpretado transforma a fealdade em sua *idéia*; por trás do particular assoma então o arquétipo, e este apela principalmente, de imediato, para a mente e o espírito do espectador, em vez de lhe destemperar os nervos.

Uma ilustração adequada disso poderiam ser as falas do Rei Lear em que amaldiçoa suas filhas, amontoando imprecações umas sobre as outras. Tomadas separadamente, elas certamente não pertencem ao reino da beleza mas, no contexto de todas elas, criam a impressão de um segmento da peça executado com superlativa beleza. Aí vemos o gênio de Shakespeare aplicando belos meios (*como*) para tratar um tema altamente desagradável (*o que*). Este exemplo clássico explica-nos, por si só, mais do que muitas palavras, o significado e os usos da beleza histriônica.

Com essas explicações em mente, podemos começar fazendo os seguintes exercícios elementares de Beleza.

Exercício 8

Comece com observações de todos os tipos de beleza em seres humanos (pondo de lado a sensualidade como negativa) na arte e na natureza, por mais obscuras e insignificantes que possam ser neles as características belas. Depois pergunte a si mesmo: "Por que me impressiona como belo? Por causa de sua forma? Harmonia? Sinceridade? Simplicidade? Cor? Valor moral? Força? Delicadeza? Significação? Originalidade? Ingenuidade? Desprendimento altruísta? Idealismo? Domínio?" Etc.

Em conseqüência de longos e pacientes processos de observação, você notará que um senso de verdadeira beleza e fino gosto artístico irá gradualmente sendo despertado em seu íntimo. Sentirá que sua mente e seu corpo acumularam beleza e que se aguçou sua capacidade para captá-la em toda a parte. Isso se converte numa espécie de hábito. Você então estará pronto para prosseguir com o seguinte exercício:

Comece, como antes, com movimentos simples e amplos, tentando executá-los com a beleza que surge de seu íntimo, até que todo o seu corpo esteja impregnado dela e sinta satisfação estética. Não faça seus exercícios diante de um espelho; isso tenderá a enfatizar a beleza como sendo apenas uma qualidade superficial, *quando a intenção é sondá-la no mais profundo de seu ser*. Evite os movimentos de dança. Depois, movimente-se com o centro imaginário dentro de seu peito. Repita as quatros espécies de movimentos: modelagem, flutuação, vôo, irradiação. Profira algumas palavras. Faça então movimentos do dia-a-dia e coisas simples. E mesmo em sua vida cotidiana evite cuidadosamente os movimentos deselegantes, feios e falas grosseiras. Resista à tentação de *parecer* belo.

Passemos agora à última das quatro qualidades inerentes à arte do ator, a *Integridade*.

O ator que representa seu papel como tantos momentos separados e sem relação entre cada entrada e saída, sem levar em conta o que fez nas cenas anteriores e o que estará fazendo nas cenas seguintes, jamais entenderá ou interpretará seu papel como um todo ou em sua *integridade*. O malogro ou a incapacidade para relacionar uma parte com o todo poderá tornar o papel inarmonioso e incompreensível ao espectador.

Por outro lado, se no começo ou a partir de sua primeira entrada o ator já possuir uma visão de si mesmo interpretando (ou ensaiando) suas últimas cenas – e, inversamente, se recordar as primeiras cenas quando interpretar (ou ensaiar) as últimas cenas –, estará muito mais apto a ver todo o seu papel em cada detalhe, como se o estivesse vendo em perspectiva a partir de alguma elevação. A capacidade de avaliar os detalhes dentro do papel como um todo bem integrado habilitará também o ator a interpretar cada um desses detalhes como pequenas entidades que se combinam harmoniosamente numa *integridade* abrangente.

Que novas qualidades sua interpretação obterá em virtude desse sentimento de integridade? Enfatizará intuitivamente os aspectos *essenciais* de sua personagem e seguirá a *principal linha* de acontecimentos, assim retendo com firmeza a atenção do público. A atuação tornar-se-á mais poderosa. Também o ajudará desde o começo a apreender sua personagem sem muitas vacilações.

Exercício 9

Recapitule mentalmente os eventos do dia que acabou de passar, tentando destacar aqueles períodos que são completos em si mesmos. Faça de conta que são cenas separadas de uma peça. Defina o início e o final de cada uma delas. Recapitule-as repetidamente em sua memória, até que cada uma delas se destaque como uma entidade e, no entanto, combine-se com as outras como uma *integridade*.

Faça o mesmo com períodos mais longos de toda a sua vida pregressa e, finalmente, tente prever o futuro em relação a seus planos, idéias e objetivos.

Faça o mesmo em relação às vidas de personagens históricas e seus destinos e ainda o mesmo com peças de teatro.

Volte-se agora para coisas e objetivos que se apresentam diante de seus olhos (plantas, animais, formas arquiteturais, paisagens, etc.), olhando-os como formas inteiras *per se*. Descubra então dentro delas partes separadas, as quais podem destacar-se como pequenos quadros completos. Imagine-as como sendo colocadas em molduras, de modo que se assemelhem a fotos instantâneas ou seções de um filme.

O ator poderá também fazer isso com seu sentido auditivo. Escute uma composição musical e tente perceber suas frases como unidades mais ou menos separadas. A relação da variação dentro de cada unidade com o tema todo, à semelhança do parentesco das cenas separadas de uma peça, tornar-se-á imediatamente evidente.

Conclua o exercício da seguinte maneira: divida a sala onde estão sendo feitos os exercícios em duas partes. Passe de uma parte, que representa os bastidores, para outra, que representa o próprio palco, e tente estabelecer o momento de aparição diante do público imaginário como um *começo* significativo. Mantenha imóvel diante do "público" e diga uma ou duas frases, fazendo de conta que está representando um papel; depois, saia do "palco" como se o desaparecimento fosse um final definitivo. Apreenda todo o processo de aparição e desaparecimento como uma integridade em si mesma.

Um senso agudo do começo e do final constitui apenas um meio de desenvolver o sentimento de integridade. Um outro meio consiste em conceber sua personagem como *imutável em seu núcleo*, apesar de todas as transformações que possa sofrer na peça. Esse aspecto do exercício será abordado nos últimos capítulos, quando nos ocuparmos do Gesto Psicológico e da Composição do Desempenho.

Cumpre fazer aqui alguns comentários suplementares sobre *irradiação*.

Irradiar no palco significa *dar, transmitir a outrem*. Sua contraparte é *receber*. A verdadeira atuação é um constante intercâmbio de ambas as coisas. Não existem momentos no palco em que um ator possa permitir a si mesmo – ou melhor, permitir a sua personagem – manter-se passivo nesse sentido sem correr o risco de enfraquecer a atenção do público e de criar a sensação de um vácuo psicológico.

Sabemos como e por que o ator irradia, mas *o que* deve ele (a personagem) receber, *quando* e *como*? Ele pode receber a presença de seus parceiros em cena, as ações e as palavras destes, ou apenas receber seu ambiente circundante, especificamente ou em geral, de acordo com o que seja requerido pela peça. Também pode receber a atmosfera em que se encontra ou receber coisas ou eventos. Em suma, recebe tudo o que gere uma impressão nele como personagem, conforme o significado do momento.

Quando o ator deve receber ou irradiar depende do conteúdo da cena, das sugestões do diretor, da livre escolha do próprio ator ou, talvez, de uma combinação desses fatores.

No que se refere a *como* a recepção deve ser executada e sentida, o ator deve ter em mente o fato de que se trata de algo mais do que meramente uma questão de olhar e ouvir no palco. Receber realmente significa *atrair* para nosso próprio eu, com o máximo de poder *interior*, as coisas, pessoas ou eventos da situação. Mesmo que seus parceiros não conheçam essa técnica, o ator nunca deve, a bem de seu próprio desempenho, parar de receber deles sempre que decida fazê-lo. Descobrirá que seus próprios esforços despertarão intuitivamente os outros atores e os inspirarão para que colaborem.

Assim, em nossos primeiros nove exercícios lançamos as bases da realização dos quatros requisitos fundamentais para a técnica do ator. Mediante os exercícios psicofísicos sugeridos, o ator pode aumentar seu *vigor interior*, desenvolver suas aptidões para *irradiar* e *receber*, adquirir um sutil sentido de *forma*, enriquecer seus sentimentos de *liberdade, desenvoltura, calma* e *beleza*, vivenciar o significado de seu *ser interior* e aprender a ver as coisas e os processos em sua *integridade*. Se os exercícios sugeridos forem pacientemente cumpridos, essas e todas as outras qualidades e capacidades mencionadas impregnarão o corpo do ator, tornando-o mais sutil e mais sensível, enriquecerão sua psicologia e, ao mesmo tempo, dar-lhe-ão, mesmo nesse estágio de seu desenvolvimento, um certo grau de domínio sobre elas.

Capítulo 2
Imaginação e incorporação de imagens

> A criação não se inspira naquilo que é,
> mas no que pode ser; não no real,
> mas no possível.
>
> *Rudolf Steiner*

São altas horas da noite. Após um longo dia, após muito trabalho e muitas impressões, experiências, ações e palavras, você deixa seus nervos fatigados descansarem. Senta-se tranqüilamente e fecha os olhos. O que é que aparece, no fundo da escuridão, diante dos olhos de sua mente? Os rostos das pessoas com quem se encontrou durante o dia, suas vozes, seus movimentos, seus traços característicos ou cômicos. Você percorre de novo as ruas, passa por casas familiares, lê os cartazes. Passivamente, segue as imagens multicores de sua memória.

Sem perceber, você deu um passo atrás e transpôs as fronteiras de hoje: e, em sua imaginação, surgem lentamente visões e fracassos de sua vida passada. Desejos, devaneios, objetivos de vida, êxitos e fracassos, esquecidos e vagamente recordados, aparecem como imagens em sua mente. É certo que não são tão fiéis aos fatos quanto as recordações do dia que acabou de passar. Agora, em retrospecto, estão levemente mudados. Mas você ainda os reconhece. Com os olhos da mente, segue-os com maior interesse, com a atenção mais desperta, porque estão mudados, porque contêm alguns traços de imaginação.

Mas acontece muito mais do que isso. Em meio às visões do passado, eis que surgem *como* lampejos, aqui e ali, imagens que lhe são totalmente desconhecidas. São produtos puros de sua *Imaginação Criativa*. Aparecem, desaparecem, voltam de novo, trazendo com elas novas criaturas que lhe são estranhas. Não tarda que elas se relacionem entre si, que comecem a "atuar", a "representar", diante de seu olhar fascinado. Você passa a seguir suas vidas até então desconhecidas. Você é absorvido, atraído para estranhos estados de espírito, insólitas atmosferas, para o amor, o ódio, a felicidade e a infelicidade desses hóspedes imaginários. Sua mente está agora inteiramente desperta e ativa. Suas próprias reminiscências empalidecem cada vez mais; as novas imagens são muito mais fortes do que aquelas. Diverte-o o fato de que essas novas imagens possuam suas próprias vidas independentes; espanta-o que elas apareçam sem que as tenha convidado. Finalmente, esses recém-chegados forçam-no a observá-los com maior penetração do que as simples imagens da memória cotidiana; esses fascinantes hóspedes, que surgem do nada, que vivem suas próprias vidas plenas de emoções, despertam seus sentimentos – e ocorre uma reação. Você ri e chora com eles. Como mágicos, suscitam em você um desejo irrefreável de tornar-se um deles. Entabula conversas com eles, vê-se agora entre eles, quer atuar e atua. De um estado de espírito passivo, levaram-no a um estado *criativo*. Eis o poder da imaginação.

Atores e diretores, como todos os artistas criativos, estão muito familiarizados com esse poder. "Estou sempre cercado de imagens", disse Max Reinhardt. Ao longo de toda uma manhã, Dickens permaneceu sentado em seu gabinete de trabalho esperando que Oliver Twist aparecesse. Goethe observou que imagens inspiradoras surgem diante de nós por sua própria iniciativa, exclamando: "Aqui estamos!" Rafael viu uma imagem passar diante dele em seu quarto, e essa foi a Madonna da Capela Sistina. Michelangelo exclamou, em desespero, que imagens o perseguiam e o forçavam a esculpir suas figuras na pedra.

Mas, embora as Imagens Criativas sejam independentes e mutáveis em si mesmas, embora sejam repletas de emoções e desejos, o ator, enquanto trabalha em seus papéis, não deve pensar que elas lhe surgirão inteiramente desenvolvidas e realizadas. Não. Para se completarem, para atingirem o grau de expressividade que satisfaça ao ator, elas exigirão sua colaboração ativa. O que deve o ator fazer para aperfeiçoá-las? Deve fazer perguntas a essas imagens, como as faria a um amigo. Por vezes, terá até de lhes dar ordens rigorosas. Modificando-se e completando-se sob a influência de suas perguntas e ordens, elas darão respostas visíveis a sua visão interior. Eis um exemplo:

Suponhamos que você vá interpretar Malvólio em *Noite de Reis*. Suponhamos que você queria estudar o momento em que Malvólio se acerca de Olívia no jardim, após ter recebido uma carta misteriosa que ele supõe ser "dela". É nesse ponto que você começa a fazer perguntas como: "Mostre-me, Malvólio: como transporia você os portões do jardim e, com um sorriso, avançaria na direção de sua 'doce amada'?" A pergunta incita imediatamente a imagem de Malvólio à ação. Você o vê a distância. Ele esconde apressadamente a carta sob sua capa, para mostrá-la mais tarde com triunfante efeito! O pescoço estendido, o rosto profundamente sério, ele procura Olívia. Aí está ela! Como o sorriso distorce o rosto de Malvólio! Não lhe escreveu ela:

"Teus sorrisos ficam-te bem..."? Mas seus olhos, sorrirão também? Oh, não! Eles estão alarmados, ansiosos e vigilantes! Eles espreitam por trás da máscara de um louco! Sua preocupação é seu passo, seu belo modo de andar! Suas meias amarelas com ligas parecem-lhe fascinantes e sedutoras. Mas o que é isso? Maria! Essa criatura intrometida, essa peste também está aqui, espiando-o com os cantos de seus olhos maliciosos! O sorriso dissipa-se de seu rosto, ele esquece suas pernas por um momento e seus joelhos dobram-se levemente, involuntariamente, e toda a figura trai seu corpo não tão jovem. O rancor brilha agora em seu olhar! Mas o tempo é curto. Sua "doce dama" aguarda! Sinais de amor, de apaixonado desejo, devem ser-lhe dados sem delongas! Sua capa mais apertada, seu passo mais rápido, acerca-se dela! Lentamente, secretamente, tentadoramente, uma ponta da carta "dela" aparece por sob a capa... Será que ela não a vê? Não, ela o olha no rosto... Oh, o sorriso! Foi esquecido e agora ressurge quando ela o recebe com:

"O que significa isto, Malvólio?"

"Doce dama, oh, oh!"

"Tu sorris..."

O que foi que Malvólio lhe ofereceu nesse pequeno "desempenho"? Foi sua primeira resposta a sua interrogação. Mas você pode sentir-se insatisfeito. Não lhe parece ser a coisa certa; o "desempenho" deixou-o frio. Faz mais perguntas: nesse momento, Malvólio não deveria mostrar uma postura mais digna? Seu "desempenho" não carregava demais na caricatura? Não era velho demais? Não seria preferível "vê-lo" como uma figura algo patética? Ou talvez nesse momento, quando ele acredita ter alcançado o grande objetivo de toda a sua vida, ele atinja o ponto em que sua mente é abalada, sacudida, e fica à beira da loucura. Talvez ele devesse parecer-se mais com um bufão. Não deveria ser ainda mais velho e ridículo? Seus desejos libidinosos não deveriam ser mais sublinhados? Ou talvez sua entrada fosse valorizada se Malvólio causasse uma impressão algo jocosa. Que tal se ele lembrasse uma criança ingênua e um tanto inocente? Está inteiramente desconcertado ou ainda é capaz de conservar os sentidos sob controle?

Muitas perguntas como essas podem surgir na mente do ator enquanto trabalha um papel. Aí começa sua colaboração com a imagem. Você orienta e constrói sua personagem fazendo novas perguntas, ordenando-lhe que mostre diferentes variações de possíveis modos de atuar, de acordo com seu gosto (ou com a interpretação dada à personagem pelo diretor). A imagem muda sob seu olhar indagador, transforma-se repetidas vezes, até que, gradualmente (ou subitamente), você se sente satisfeito com ela. A partir desse instante, sentirá suas emoções estimuladas e o desejo de interpretar o papel acende-se em você!

Trabalhando desse modo, você estará apto a estudar e a criar sua personagem mais profundamente (e mais rapidamente, também); não estará confiando apenas no pensamento comum, em lugar de "ver" esses pequenos "desempenhos". O raciocínio seco mata a imaginação. Quanto mais você sondar e aprofundar sua mente analítica, mais silenciosos se tornarão seus sentimentos, mais fraca sua vontade e mais pobres as oportunidades propiciadas à inspiração.

Não existe pergunta que não possa ser respondida desse modo. É claro que nem todas as perguntas serão respondidas imediatamente, algumas apresentam-se mais intricadas, mais complexas do que outras. Se você perguntar, por exemplo, qual é o *relacionamento* entre sua personagem e as outras da peça, a resposta certa nem sempre virá de imediato. Por vezes, horas ou mesmo dias serão necessários para que você "veja" sua personagem nessas diferentes relações.

Quanto mais o ator trabalhar em cima de sua imaginação, robustecendo-a por meio de exercícios, mais cedo surgirá em seu íntimo uma sensação que poderá ser descrita como algo assim: "As imagens que vejo com o olho da mente têm sua própria psicologia, à semelhança das pessoas que me rodeiam em minha vida cotidiana. Entretanto, há uma diferença: na vida cotidiana, vendo as pessoas somente por suas manifestações exteriores e nada vislumbrando por trás de suas expressões faciais, movimentos, gestos, vozes e entonações, eu poderia julgar erroneamente suas vidas interiores. Mas isso não ocorre com minhas imagens criativas. A vida interior *delas* está completamente aberta a minha contemplação. São-me reveladas todas as suas emoções, seus sentimentos, suas paixões, seus pensamentos, seus propósitos e seus desejos mais íntimos. Através da manifestação exterior de minha imagem – ou seja, da personagem que estou trabalhando por meio de minha imaginação –, vejo sua vida interior."

Quanto mais amiúde e mais atentamente você olhar *dentro* de sua imagem, mais depressa ela despertará em você aqueles sentimentos, emoções e impulsos volitivos tão necessários a sua interpretação da personagem. Esse "olhar" e esse "ver" nada mais são do que ensaiar por meio de sua bem desenvolvida e flexível imaginação. Michelangelo, ao criar seu Moisés, não só "viu" os músculos, o ondulado da barba, as pregas da roupagem mas, indubitavelmente, "viu" também a *força interior* de Moisés que tinha criado músculos, veias, barba, pregas da roupagem e toda a composição rítmica. Leonardo da Vinci era atormentado pela ardente vida interior das imagens que "via". Essa é uma das mais valiosas e importantes funções da imaginação, desde que o artista se esforce por desenvolvê-la em alto grau. Começará por apreciá-la assim que se aperceber de que não necessita "espremer" seus sentimentos para extraí-los de seu eu, de que eles surgirão por si mesmos de seu íntimo, sem esforço, com desembaraço, assim que você aprender a "ver" a psicologia, a vida interior de suas imagens. E, assim como Michelangelo "viu" a força interior que criou a aparência externa de Moisés, também você, se "vir" e vivenciar a vida interior de sua personagem, será sempre instigado a encontrar novos, mais originais, mais corretos e mais adequados meios de expressividade exterior no palco.

Quanto mais desenvolvida é sua imaginação, por meio de exercícios sistemáticos, mais flexível e ágil ela se torna. As imagens sucedem-se com rapidez crescente: formam-se e desaparecem depressa demais, em fugaz seqüência. Disso pode resultar que você as perca antes de elas poderem despertar seus sentimentos. Você deve possuir suficiente força de vontade, mais do que em geral exerce nas atividades cotidianas, para conservá-las diante dos olhos da mente por tempo suficiente para que elas afetem e despertem seus próprios sentimentos.

Em que consiste essa adicional força de vontade? No poder de concentração.

Antecipo-me a sua pergunta: "Por que devo dar-me ao laborioso esforço de desenvolver minha imaginação e aplicá-la ao trabalho em peças modernas, naturalistas, quando todas as personagens são tão óbvias e fáceis de entender; quando as falas e as situações fornecidas pelo autor cuidaram de tudo?" Se essa é sua pergunta, permita-me discordar. O que o autor lhe entregou, na forma de uma peça escrita, é a criação *dele*, não a sua; ele aplicou o talento *dele*, não o seu. Mas qual é *sua* contribuição para a obra do autor? Em meu entender, é, ou deve ser, a descoberta da profundidade psicológica da personagem que lhe é dada na peça. Não existe um ser humano que seja óbvio e fácil de compreender. O verdadeiro ator não deslizará pela superfície das personagens que interpreta nem lhes imporá seus maneirismos pessoais e invariáveis. Sei perfeitamente bem ser esse o costume largamente reconhecido e praticado, hoje em dia, em nossa profissão. Mas, seja qual for a impressão que isso possa causar-lhe, permita-me a liberdade de expressar-me sem restrições sobre esse ponto.

É um crime acorrentar e aprisionar um ator dentro dos limites de sua (assim chamada) "personalidade", convertendo-o mais num trabalhador escravizado do que num artista. Onde fica sua liberdade? Como pode ele usar sua própria criatividade e originalidade? Por que deve ele aparecer sempre diante do público como uma marionete compelida a fazer a mesma espécie de movimentos quando os cordéis são puxados? O fato de que autores, público, críticos e até os próprios atores modernos tenham-se habituado a essa degradação do ator-artista não torna a acusação menos verdadeira nem o mal menos execrável.

Um dos mais decepcionantes resultados provenientes desse tratamento habitual do ator foi fazer dele um ser humano menos interessante no palco do que invariavelmente o é na vida privada. (Seria infinitamente melhor para o teatro se o inverso prevalecesse.) Suas "criações" não são dignas de si próprio. Usando somente seus maneirismos, o ator acaba destituído de imaginação; todas as personagens tornam-se-lhe a mesma.

Criar, na acepção real, significa descobrir e mostrar *novas* coisas. Mas que novidade existe nos afetados maneirismos e clichês do ator agrilhoado? O profundamente escondido e, hoje em dia, quase completamente esquecido desejo de todo verdadeiro ator é expressar-se, afirmar seu próprio ego, por intermédio de seus papéis. Mas como poderá fazer isso, se é encorajado, solicitado, na maioria dos casos, a recorrer a seus maneirismos, em vez de a sua imaginação criativa? Não pode, já que a imaginação criativa é um dos principais canais através dos quais o artista existente por meio nele encontra o modo de expressar sua própria interpretação individual (e, portanto, sempre única) das personagens que retrata. E como irá ele expressar sua individualidade criativa se não penetra ou se não pode penetrar profundamente na vida interior das próprias personagens com sua imaginação criativa?

Estou inteiramente preparado para encontrar certa discordância com esses pontos de vista; é um sinal, pelo menos, de que o ator está dedicando alguma reflexão ao problema. Não obstante, a bem da argumentação, convém achar o melhor árbitro. Nesse caso, recomendo o próprio poder da imaginação. Comece fazendo os exercícios sugeridos a seguir e você poderá mudar de idéia depois de ver e sentir até que ponto desenvolve sua capacidade de penetração enquanto trabalha seus papéis; como suas personagens vão-lhe parecer interessantes e complexas, ao passo que antes pareciam-lhe ordinárias, desenxabidas e óbvias; como lhe revelarão muitas características psicológicas novas, humanas e inesperadas, e como, por conseguinte, sua interpretação se tornará cada vez menos monótona!

Exercício 10

Inicie seu exercício com recordações de eventos simples e impessoais (não de suas próprias emoções ou experiências íntimas da vida real). Tente recordar o maior número possível de detalhes. Concentre-se nessas recordações, procurando não romper o fluxo de sua concentração.

Simultaneamente a esse exercício, comece treinando-se em *capturar a primeira imagem* no próprio momento em que ela aparece aos olhos de sua mente. Faça-o do seguinte modo: apanhe um livro, abra-o numa página ao acaso, leia uma palavra e veja que imagem essa palavra faz surgir em seu espírito. Isso lhe ensinará a *imaginar* coisas, em vez de se limitar às concepções abstratas, inanimadas, dessas coisas. As abstrações são de muito pouca utilidade para um artista criativo. Depois de um pouco de prática, você notará que cada palavra, mesmo palavras como "mas", "e", "se", "porque", etc., evocará certas imagens, algumas delas, talvez, estranhas e fantásticas. Fixe sua atenção nessas palavras por um momento, depois prossiga em seu exercício do mesmo modo, com novas palavras.

Após um certo tempo, passe à etapa seguinte do exercício: tendo captado uma imagem, observe-a e aguarde até que ela comece a movimentar-se, a mudar, a falar e a "atuar" *por si só*. Atente para o fato de que cada imagem tem sua *própria vida independente*. Não interfira nessa vida mas acompanhe-a pelo menos por alguns minutos.

O passo seguinte: crie de novo uma imagem e deixe-a desenvolver sua vida independente. Depois, passados alguns instantes, comece a interferir nela fazendo perguntas ou dando ordens: "Quer mostrar-me como você se senta? Como se levanta? Como caminha? Como sobe e desce uma escada? Como se encontra com outras pessoas?" E assim por diante. Se a vida independente da imagem adquirir força excessiva e a imagem se tornar obstinada (como ocorre freqüentemente), converta as solicitações em ordens.

Prossiga com perguntas e ordens, agora de uma natureza mais psicológica: "Que aparência toma quando está desesperado? Bem-humorado?... Dê boas-vindas cordiais a um amigo. Encontre um inimigo. Mostre-se desconfiado, pensativo. Ria. Chore." E muitas outras perguntas e ordens semelhantes. Faça a mesma pergunta quantas vezes achar conveniente, até que sua imagem lhe mostre o que você quer "ver". Repita o mesmo procedimento por tanto tempo quanto considerar desejável continuar seus exercícios. Enquanto estiver interferindo na vida independente de sua imagem, você poderá também colocá-la em situações diferentes, ordenar-lhe que mude sua aparência exterior ou fixar-lhe outras tarefas. Alterne dando-lhe liberdade por várias vezes e depois voltando a fazer-lhe perguntas.

Escolha uma cena curta de uma peça, com poucas personagens. Interprete a cena com todas as suas personagens por várias vezes em sua imaginação. Depois, formule às personagens uma série de perguntas, dê-lhes um certo número de sugestões – "Como atuariam se a atmosfera da cena fosse diferente?" – e sugira-lhes várias atmosferas distintas. Observe as reações delas e depois ordene: "Agora, mudem o ritmo da cena." Faça-lhes sugestões para que representem a cena com mais reserva ou com mais abandono. Peça-lhes que dêem mais força a certos sentimentos, que tornem outros mais fracos e vice-versa. Interpole algumas novas pausas ou descarte as anteriores. Mude-lhes a encenação, a trama ou qualquer coisa que propicie uma interpretação diferente.

Assim, você aprenderá a *colaborar* com sua imagem criativa enquanto trabalha seu papel. Por um lado, você se habituará a aceitar as sugestões que sua personagem (como imagem) lhe der, ao passo que, por outro, mediante suas perguntas e ordens, elaborará a personagem e levá-la-á à perfeição, de acordo com seu próprio gosto e desejo (e os de seu diretor).

Agora, como etapa seguinte de seu exercício, tente aprender a *penetrar*, através das manifestações exteriores de uma imagem, em *sua vida interior*.

Em nossa existência cotidiana, não é raro observarmos de perto e com extrema atenção pessoas ao nosso redor e, no entanto, sermos incapazes de penetrar em suas vidas íntimas com suficiente profundidade. Algumas áreas de suas psicologias ser-nos-ão sempre obscuras; haverá sempre alguns segredos que não seremos capazes de descobrir. Mas isso não ocorre com suas imagens; estas não podem ter segredos para você. Por quê? Porque, por muito novas e inesperadas que suas imagens possam ser, elas são, afinal de contas, suas *próprias* criações; as experiências delas são as suas próprias. É certo que, com freqüência, elas lhe revelam sentimentos, emoções e desejos de que você não tinha um conhecimento consciente antes de começar a usar sua imaginação criativa, mas, seja qual for o nível profundo de sua vida subconsciente donde tenham emergido, tais sentimentos, emoções e desejos são, de qualquer modo, seus. Portanto, exercite-se em observar as imagens por todo o tempo que for necessário, até ser *afetado* por essas emoções, desejos, sentimentos e tudo o mais que elas têm a oferecer-lhe; ou seja, até que *você mesmo* comece a sentir e a desejar o que sua imagem sente e deseja. Essa é uma das maneiras de despertar e animar seus sentimentos sem ter de "extraí-los" laboriosa e penosamente de si mesmo, de seu próprio eu. No começo, escolha simples momentos psicológicos.

Passe então ao exercício destinado a desenvolver a *flexibilidade* de sua imaginação. Escolha uma imagem e estude-a pormenorizadamente. Depois, faça-a *transformar-se* aos poucos numa outra imagem. Por exemplo: um homem torna-se gradualmente velho e vice-versa; um rebento de uma planta desenvolve-se lentamente, até converter-se numa enorme e frondosa árvore; uma paisagem de inverno transforma-se fluentemente numa de primavera, de verão e de outono.

Faça esse mesmo exercício com imagens de fantasia. Faça um castelo encantado transformar-se numa pobre choupana e vice-versa; uma velha feiticeira converter-se numa jovem e bela princesa; um lobo transformar-se num formoso príncipe. Depois, comece a trabalhar com imagens em movimento, como um torneio de cavaleiros, um crescente incêndio numa floresta, uma multidão excitada, um salão de baile cheio de pares dançando ou uma fábrica em plena atividade. Tente ouvir as vozes e os sons de suas imagens. Não permita que sua atenção seja distraída ou salte de uma cena para outra e assim perca as cenas de transição. A transformação de imagens deve ser um fluxo regular e contínuo, como num filme.

Crie em seguida uma personagem *inteiramente por si mesmo*. Comece a desenvolvê-la e elaborá-la com detalhes; trabalhe em cima dela durante muitos dias ou mesmo semanas, fazendo perguntas e obtendo respostas visíveis. Coloque-a em situações diferentes, ambientes distintos, e observe as reações dessa personagem; desenvolva-lhe os traços mais característicos e as peculiaridades. Depois peça-lhe que fale e acompanhe suas emoções, desejos, sentimentos, pensamentos, abra-se com ela, para que a vida interior dessa personagem influencie sua própria vida interior. Colabore com ela, aceitando suas "sugestões" se lhe agradarem. Crie personagens tanto dramáticas quanto cômicas.

Trabalhando desse modo, pode chegar o momento, a qualquer instante, em que sua imagem se tornará tão poderosa que você será incapaz de resistir ao desejo de incorporá-la, de representá-la, mesmo que seja apenas um fragmento de uma cena curta. Quando esse desejo se acender em você, não resista a ele, mas, pelo contrário, atue *livremente* pelo tempo que quiser.

Esse desejo saudável de incorporar sua imagem pode ser sistematicamente cultivado por meio de um exercício especial, o qual lhe fornecerá *a técnica de incorporação*.

Exercício 11

Imagine-se fazendo, inicialmente, algum movimento simples: erguer um braço, pôr-se de pé, sentar-se ou apanhar um objeto. Estude esse movimento em sua imaginação e depois *concretize-o*. Imite-o, por assim dizer, o mais fielmente que puder. Se, ao concretizá-lo, notar que seu movimento real não é exatamente aquele que viu em sua imaginação, estude-o de novo na imaginação e procure depois repeti-lo, até se considerar satisfeito por tê-lo, enfim, copiado fielmente. Repita esse exercício até estar certo de que seu corpo obedece em todos os detalhes, mesmo os mais insignificantes, ao que foi por você desenvolvido quando imaginou esse movimento. Continue o exercício com movimentos e tarefas cada vez mais complicados.

Aplique o mesmo exercício para imaginar uma personagem de uma peça ou de um romance, começando com movimentos, ações e conteúdos psicológicos simples. Deixe sua imagem dizer algumas palavras. Em sua imaginação, estude a personagem com profunda atenção no maior número possível de detalhes, até que os sentimentos da personagem estimulem seus próprios sentimentos. Tente incorporar então a nova visão o mais fielmente que puder.

Quando incorporar, você poderá notar que se desvia, por vezes, do que visualizou e estudou pormenorizadamente. Se esse desvio é o resultado de súbita inspiração durante o processo de incorporação, aceite-o como um fato positivo e desejável.

Esse exercício estabelecerá gradualmente aquelas delicadas ligações tão necessárias para vincular sua vívida imaginação a seu corpo, voz e psicologia. Assim, seus meios de expressão tornar-se-ão flexíveis e obedientes a seu comando.

Quando trabalha desse modo a personagem que irá interpretar no palco, você pode, para começar, escolher apenas uma característica dentre todas as que se apresentam a sua visão interior. Assim fazendo, você nunca conhecerá o choque (que os atores conhecem bem demais!) resultante da tentativa de incorporar a imagem toda de uma só vez, num ávido trago. É esse choque sufocante que freqüentemente força um ator a abandonar os esforços imaginativos e a cair em clichês e em velhos e cediços hábitos teatrais. Você sabe que seu corpo, sua voz e toda a sua compleição psicológica nem sempre são capazes de ajustar-se em curto prazo a sua visão. Trabalhar a imagem pouco a pouco evita essa dificuldade. Habilita seus meios de expressão a processarem tranqüilamente a necessária transformação e a se prepararem para anuir às respectivas tarefas que terão de cumprir. Você estará mais apto a incorporar a personagem inteira em que trabalha se o fizer gradualmente. Acontece às vezes que, depois de apenas meia dúzia de tentativas para incorporar suas características separadas, a personagem dá subitamente um salto à frente e incorpora-se como um todo.

Enquanto incorpora assim sua personagem, quer exercitando-se, quer trabalhando profissionalmente, adicione a sua imaginação todas as coisas que não anteviu e agora só encontra na realidade – novas ações, os modos de atuar de seus parceiros de cena, ritmos sugeridos pelo diretor e outras contingências que tais. Com esses novos aditamentos, "ensaie" a cena que está estudando em sua imaginação e depois incorpore-a de novo no palco ou enquanto estiver realizando os exercícios.

Esses exercícios destinados a incorporar suas imagens não tardarão em provar que constituem o meio mais eficaz para desenvolver também seu corpo. Com efeito, no processo de incorporação de imagens fortes e bem elaboradas você molda seu corpo desde dentro, por assim dizer, e impregna-o literalmente de sentimentos, emoções e impulsos volitivos artísticos. Assim, o corpo torna-se cada vez mais a "membrana sensível" previamente descrita.

Quanto mais tempo e esforço você dedicar ao trabalho *consciente* para desenvolver a força de sua imaginação e à técnica de incorporação de imagens, mais cedo sua imaginação o servirá subconscientemente, sem que você note sequer que ela está funcionando. Suas personagens crescerão e desenvolver-se-ão por si mesmas enquanto, aparentemente, você não está pensando nelas ou enquanto está dormindo sem sonhos à noite, ou mesmo em seus sonhos. Também notará que centelhas de inspiração o atingem cada vez mais freqüentemente e com maior precisão.

Resumindo os exercícios sobre Imaginação:
1. Capte a primeira imagem.
2. Aprenda a seguir a vida independente dessa imagem.
3. Colabore com ela, fazendo perguntas e dando ordens.
4. Penetre na vida interior da imagem.
5. Desenvolva a flexibilidade de sua imaginação.
6. Tente criar personagens inteiramente por si mesmo.
7. Estude a técnica de incorporação de personagens.

Capítulo 3
Improvisação e conjunto

> Somente artistas unidos por verdadeira simpatia num Conjunto Improvisador podem conhecer a alegria da criação desinteressada e comum.

Conforme sublinhamos nos capítulos precedentes, o objeto final e supremo de todo verdadeiro artista, seja qual for seu particular ramo de arte, pode ser definido como o desejo de expressar-se livre e completamente.

Cada um de nós possui suas próprias convicções, sua própria visão de mundo, seus próprios ideais e sua própria atitude ética perante a vida. Esses credos profundamente enraizados e, com freqüência, inconscientes constituem parte da individualidade do homem e de seu grande anseio de livre expressão.

Pensadores profundos, impelidos a expressarem-se, criaram seus próprios sistemas filosóficos. Do mesmo modo, um artista que se esforça por expressar suas convicções mais íntimas trata de aperfeiçoar seus próprios instrumentos de expressão, sua forma particular de arte. O mesmo, sem exceção, deve ser dito da arte do ator: *seu* desejo irrefreável e *seu* mais alto propósito também só podem ser satisfeitos por meio da livre improvisação.

Se um ator se limita meramente a declamar as falas fornecidas pelo autor e a executar as "marcações" ordenadas pelo diretor, não procurando nenhuma oportunidade para improvisar independentemente, ele faz de si mesmo um escravo das criações de outros e de sua profissão uma atividade emprestada. Equivoca-se em acreditar que o autor e o diretor já improvisaram para ele e que sobra muito pouco espaço para a livre expressão de sua própria individualidade criativa. Essa atitude, lamentavelmente, predomina entre grande número de nossos atores atuais.

Entretanto, cada papel oferece a um ator a oportunidade de improvisação, de colaboração e, na verdade, de cocriação com o autor e o diretor. Essa sugestão não implica, é claro, improvisar novas falas ou substituir por outros os objetivos estabelecidos pelo diretor. Pelo contrário. As falas confiadas a um papel e as instruções e as orientações do diretor constituem as bases firmes sobre as quais o ator deve e pode desenvolver suas improvisações. *Como* ele declama suas falas e *como* cumpre as instruções são as portas abertas para um vasto campo de improvisação. Os "como" de suas falas e instruções são os *caminhos* através dos quais ele pode expressar-se livremente.

Mais do que isso, existem outros e inúmeros momentos entre as falas e as orientações em que o ator pode criar maravilhosas transições psicológicas e adornar e ampliar por conta própria seu desempenho, em que pode exibir seu verdadeiro engenho artístico. Sua interpretação da personagem como um todo, até as ínfimas características, oferece um vasto campo para suas improvisações. Ele precisa apenas começar por recusar a representar-se a si mesmo em vez de representar uma personagem ou por rejeitar o recurso a clichês cediços. Se ele simplesmente deixar de considerar todos os seus papéis como "lineares" e tentar descobrir alguma *boa caracterização* para cada um deles, também terá dado um passo gratificante no sentido da improvisação. O ator que não sentiu a pura alegria de se transformar no palco a cada novo papel que interpreta dificilmente pode conhecer o significado real e criativo da improvisação.

Além disso, logo que um ator desenvolve a *capacidade* de improvisar e descobre em si mesmo o inexaurível manancial donde toda a improvisação é extraída, ele desfruta uma sensação de *liberdade* até então desconhecida e se sente muito mais rico interiormente.

Os exercícios seguintes destinam-se ao desenvolvimento da capacidade de improvisação. Procure mantê-los tão simples quanto são aqui apresentados.

Exercício 12 (*para trabalho individual*)

Decida primeiro quais são os momentos iniciais e finais de sua improvisação. Devem ser segmentos bem definidos de ação. No começo, por exemplo, você pode levantar-se rapidamente de uma cadeira e, com firmeza de tom e gesto, dizer: "Sim", enquanto no momento final pode deitar-se, abrir um livro e começar a ler tranquilamente. Ou poderá começar vestindo alegre e apressadamente sobretudo, chapéu e luvas, como se pretendesse sair, e terminar sentando-se com ar deprimido e talvez até com lágrimas. Ou ainda começar olhando por uma janela com expressão de medo ou grande apreensão, tentando esconder-se atrás da cortina e depois, exclamando "Aí está ele de novo!", recuar da janela; para o momento final, poderá tocar piano (real ou imaginário) num estado de espírito muito feliz e até folgazão. E assim por diante. Quanto maior for o contraste entre os momentos iniciais e finais melhor.

Não tente prever o que irá fazer *entre* esses dois momentos escolhidos. Não procure encontrar nenhuma justificação ou motivação lógica para os próprios momentos iniciais e finais. Escolha-os ao acaso. Escolha quaisquer duas coisas que lhe venham primeiro à cabeça e não porque sugerem ou enquadram uma boa improvisação. Apenas um começo e um final contrastantes, nada mais.

Não tente definir o tema ou o enredo. Defina somente o estado de espírito ou os sentimentos nesse início e nesse final. Depois entregue-se a quaisquer sugestões momentâneas que lhe ocorram por intuição pura e simples. Assim, quando você se levantar e disser "Sim" – se for esse o início que escolheu –, começará livremente e com plena confiança em si mesmo a "atuar" de acordo principalmente com seus sentimentos, emoções e estados de espírito.

A parte intermédia, toda a transição do ponto de partida para o de chegada, é *o que* você improvisará.

Deixe que cada momento sucessivo de sua improvisação seja um resultado *psicológico* (não lógico!) do momento que o precedeu. Assim, sem nenhum tema previamente cogitado, você avançará do momento inicial para o final improvisando o tempo todo. Assim procedendo, passará por toda a gama de diferentes sensações, emoções, estados de ânimo, desejos, impulsos interiores, situações, tudo isso descoberto por você espontaneamente, no próprio instante, por assim dizer. Talvez você fique indignado, depois pensativo, logo irritado, talvez passe pelas fases de indiferença, humor, alegria, ou talvez escreva uma carta, tomado de grande agitação, ou vá até o telefone e fale com alguém, ou qualquer outra coisa.

Toda e qualquer possibilidade lhe está aberta, de acordo com seu estado de ânimo num dado momento ou de acordo com as coisas acidentais com que possa deparar-se durante a improvisação. Tudo o que tem a fazer é escutar essa "voz interior" que instiga todas as mudanças de sua psicologia e todas as situações a que recorre. Seu subconsciente sugerirá coisas que não podem ser previstas por ninguém, nem mesmo por você, se obedecer apenas, livre e completamente, à inspiração de seu próprio improvisador. Com o momento final presente em sua imaginação, você não ficará andando à deriva interminavelmente mas será constante e inexplicavelmente atraído para ele. O desfecho avultará a sua frente como uma luz orientadora e magnética.

Continue exercitando-se desse modo, estabelecendo a cada vez um novo começo e um novo fim, até já sentir plena confiança em si mesmo, até já não precisar parar e conjeturar acerca das coisas a fazer entre o início e o final.

Poderá intrigá-lo por que o começo e o fim desse exercício, sejam eles quais forem, têm de ser claramente definidos logo de início. Por que razão o que você está fazendo, ou a posição de seu corpo e o estado de espírito, devem ser estabelecidos no começo e no final, enquanto à improvisação intermediária é permitido que flua espontaneamente? Porque a real e verdadeira liberdade na improvisação deve basear-se sempre na *necessidade*; caso contrário, não tardará a degenerar em arbitrariedade ou indecisão. Sem um começo definido para impelir suas ações e sem um final definido para completá-las, você ficaria apenas divagando à deriva. Seu senso de liberdade seria destituído de qualquer significado, sem um lugar de partida ou sem rumo ou destino.

Quando ensaia uma peça, você se depara naturalmente com um grande número de "necessidades" que exigem sua atividade e capacidade de ágil improvisação. O enredo, as falas, o ritmo, as sugestões do autor e do diretor, o desempenho dos outros elementos do elenco – tudo isso determina as necessidades e a duração variável dos períodos entre elas, a que você deverá acomodar-se. Portanto, a fim de se preparar para tais condições profissionais e estar apto a adaptar-se a elas, você desenvolve seu exercício estabelecendo necessidades ou limitações similares.

No início, além dos momentos exatos de começo e fim, defina também como uma das necessidades a duração aproximada de cada exercício. Para o trabalho sozinho, cerca de cinco minutos são suficientes para cada improvisação.

Em seguida, adicione aos mesmos pontos de partida e conclusão mais um ponto (necessidade), aproximadamente no meio da improvisação. Esse ponto adicional pode ser um segmento de ação tão definido, com sentimentos, estado de ânimo ou emoção determinados, quanto o início e o fim.

Agora avance do começo para esse ponto intermédio e deste para o final, do mesmo modo que você uniu os dois pontos anteriores, mas tente não gastar neles mais tempo do que antes.

Pouco depois, acrescente mais um ponto onde quiser e realize sua improvisação passando agora pelos quatro pontos, aproximadamente na mesma quantidade de tempo que levou para passar apenas por dois.

Continue adicionando cada vez mais pontos entre o começo e o final. Escolha-os todos ao acaso e sem nenhuma tentativa de coerência ou seleção lógica; deixe essa tarefa para sua psicologia improvisadora. Mas nessa variação do exercício não adote, a cada vez, um novo começo e um novo final.

Tendo assim acumulado um suficiente número de pontos e feito sua ligação satisfatória como outros tantos passos entre o começo e o desfecho da improvisação, você pode começar agora a impor-se novas necessidades ainda de um outro modo: tente interpretar a primeira parte num ritmo lento e a última parte num ritmo rápido; ou tente criar uma certa atmosfera a sua volta e mantê-la, seja numa seção escolhida, seja na improvisação inteira.

Você pode então acumular mais necessidades na improvisação mediante o uso de diferentes qualidades, como os movimentos de modelar, voar, flutuar ou irradiar, separadamente ou em qualquer combinação que deseje fixar para si mesmo; ou pode até tentar a improvisação com várias caracterizações.

Mais tarde, pode imaginar um cenário definido em que tem de improvisar; depois, a localização do público; e, enfim, decidir se sua improvisação é tragédia, drama, comédia ou farsa. Tente improvisar também como se estivesse representando uma peça de época e, nesse caso, vista uma roupa imaginária do período escolhido. Todas essas coisas servirão como necessidades adicionais, com base nas quais desenvolverá sua livre improvisação.

Espera-se que, apesar de todas as novas e variáveis necessidades que você introduz, um certo padrão de enredo se insinue inevitavelmente em sua improvisação. Para evitar que isso ocorra durante seus exercícios, você pode, depois de algum tempo, tentar transpor o começo e o final; mais tarde, pode mudar também a ordem dos pontos na seção intermédia.

Quando tiver esgotado essa série de combinações, recomece todo o exercício com um novo princípio e um novo fim, e com todas as espécies de necessidades; e, como antes, sem nenhum enredo premeditado.

O resultado desse exercício é que você desenvolve a psicologia de um *ator improvisador*. Reterá essa psicologia enquanto passa por todas as necessidades que escolheu para a sua improvisação, independente de seu número. Mais adiante, quando ensaiar e desempenhar seu papel no palco, sentirá que as falas que tem de dizer, as coisas que tem de fazer e todas as circunstâncias que lhe são impostas pelo autor e o diretor, e até pelo enredo da peça, o conduzirão e dirigirão, assim como as necessidades que encontrou para seu exercício. Não notará nenhuma diferença substancial entre o exercício e seu trabalho profissional. Assim, acabará vendo corroborada sua convicção de que a arte dramática nada mais é do que *improvisação constante*, de que não existem momentos no palco em que um ator possa ser privado de seu direito de improvisar. Você estará apto a preencher fielmente todas as necessidades que lhe são impostas e, ao mesmo tempo, a preservar seu *espírito de ator improvisador*. A recompensa para todos os seus esforços será uma nova e gratificante sensação de completa confiança em si mesmo, a par de uma sensação de liberdade e riqueza interior.

Os exercícios para o desenvolvimento da capacidade de improvisação também podem e devem ser empregados em conjuntos de dois, três ou mais colegas de elenco. E, embora esses exercícios sejam, em princípio, os mesmos que para o indivíduo, existe, entretanto, uma diferença essencial a ser considerada.

A arte dramática é uma arte coletiva e, portanto, por mais talentoso que seja o ator, ele será incapaz de fazer pleno uso de sua capacidade para improvisar se se isolar do *ensemble*, do grupo formado por seus colegas de elenco.

É claro que existem muitos impulsos unificadores no palco, como a atmosfera da peça, seu estilo, uma *performance* bem executada ou uma encenação excepcionalmente impecável. E, no entanto, um verdadeiro conjunto teatral necessita de algo mais que essas consolidações ordinárias. O ator deve desenvolver em seu íntimo uma sensibilidade para os impulsos criativos dos outros.

Um *ensemble*, um conjunto improvisador, vive num constante processo de dar e receber. Uma pequena indicação de um parceiro – um olhar, uma pausa, uma entonação nova ou inesperada, um movimento, um suspiro ou mesmo uma mudança quase imperceptível de ritmo – pode converter-se num impulso criativo, num convite aos outros para que improvisem.

Portanto, antes de iniciarem os exercícios sobre improvisação em grupo, recomenda-se aos membros que se concentrem por algum tempo num exercício preparatório destinado a desenvolver o que chamaremos de *sentimento de ensemble*.

Exercício 13 (*para um grupo*)

Cada membro do grupo começa por fazer um esforço no sentido de se abrir interiormente, com a maior sinceridade possível, a todos os outros membros. Procura estar consciente da *presença individual* de cada um dos colegas. Esforça-se, metaforicamente falando, "por abrir seu coração" e nele admitir todos os presentes, como se estivesse entre seus amigos mais queridos. Esse processo assemelha-se bastante ao de *receber*, que descrevemos no Capítulo 1. No início do exercício, cada membro do grupo deverá dizer para si mesmo:

"O conjunto criativo consiste em indivíduos e nunca deve ser por mim considerado como uma massa impessoal. Aprecio a existência individual de cada um dos presentes nesta sala e, em minha opinião, eles não perdem sua identidade. Portanto, estando aqui entre meus colegas, nego o conceito geral de 'Eles' ou 'Nós' e, em vez disso, digo: 'Ele e Ela, e Ela e Eu'. Estou pronto para receber quaisquer impressões, mesmo as mais sutis, de cada um que participa comigo neste exercício, e estou pronto para reagir a essas impressões harmoniosamente."

Você se ajudará incomensuravelmente se ignorar todas as deficiências ou características antipáticas dos membros do grupo, tentando, pelo contrário, descobrir seus aspectos atraentes e as melhores qualidades de seus caracteres. A fim de evitar desnecessário embaraço e artificialidade, não exagere essa atitude com olhares prolongados e abertamente sentimentais, sorrisos excessivamente amistosos ou outros recursos dispensáveis.

É muito natural que possa desenvolver uma atitude cordial, afetuosa, em relação a seus colegas de grupo, mas isso não deve ser interpretado erroneamente como um convite para ficar circulando à toa no grupo ou perder-se em sentimentos vagos. O exercício tem, pelo contrário, a intenção de lhe propiciar os meios psicológicos adequados ao estabelecimento de um firme contato profissional com seus parceiros.

Com o contato interior solidamente estabelecido entre si, os membros do grupo passam então à etapa seguinte do exercício. Traçam, em linhas gerais, uma sucessão de ações simples, dentre as quais escolherão algumas. Estas podem ser, por exemplo, caminhar silenciosamente pela sala, correr, ficar de pé, imóvel, trocar de lugares, assumir posições contra as paredes ou juntar-se no centro da sala. Três ou quatro dessas ações definidas serão suficientes.

Ninguém deve ser informado sobre *qual* desses movimentos será a ação específica do grupo quando o exercício começa. Cada participante deve prever, com sua recém-descoberta "abertura", qual dessas ações previamente acertadas o grupo, como um todo, deseja executar, e deve tratar então de concretizá-la. Muitas partidas em falso podem ser feitas por um ou todos os participantes, mas finalmente se chegará em concerto à ação comum.

Ainda inerente a essa conjetura está a observação constante dos outros por cada membro do grupo. Quanto mais assídua e penetrante for a observação, melhor a receptividade. O objetivo é que todos os membros selecionem e executem a mesma ação, ao mesmo tempo, sem acordo prévio ou sugestão de qualquer espécie. Se o conseguem ou não carece de importância, pois o valor real do exercício está no esforço para abrir o próprio eu aos outros e para intensificar no ator a capacidade de observar seus parceiros o tempo todo, robustecendo assim a sensibilidade em relação ao conjunto.

Passado algum tempo, quando os membros do grupo *tiverem* genuinamente a sensação de estar intimamente unidos pelo exercício, devem então passar ao exercício de improvisação em grupo, que é diferente do exercício individual. Agora o *tema* também deve ser definido, mas apenas em suas linhas gerais. Para oferecermos apenas algumas sugestões: trabalhará o grupo numa fábrica de algum tipo, participará de um baile elegante ou de uma festa social, chegará ou partirá numa estação ferroviária ou num aeroporto, será surpreendido por uma batida contra jogo clandestino, jantará num restaurante ou brincará no carnaval? Seja qual for o tema escolhido, o grupo concorda em seguida no que se refere ao cenário. Aqui estão as portas, as mesas, as bancadas de trabalho, a orquestra, os portões – tudo o que for requerido pelo local particular que o tema escolhido sugere.

O grupo "distribui então os papéis". Não deve ser permitido nenhum enredo premeditado, nenhuma sucessão de eventos. Devem ser estabelecidos não mais do que os momentos iniciais e finais, com sua situação inicial e correspondentes estados de ânimo, tal como foi feito no exercício individual. O grupo também deve concordar quanto à duração aproximada da improvisação.

Não se deve usar um número excessivo de palavras nem monopolizar o diálogo, e sim falar somente quando é natural e necessário fazê-lo. Além disso, a capacidade de melhorar ou ampliar o diálogo não é função do ator e, portanto, não deve desviar sua atenção da improvisação com esforços de criar falas perfeitas para seu papel ou para a situação. O significado do exercício não sofrerá se suas palavras não tiverem valor literário e parecerem, inclusive, deselegantes.

Com toda a probabilidade, a primeira tentativa de improvisação em grupo será caótica, apesar da sensibilidade aguçada, da abertura e do senso de unidade de todos os participantes. Mas cada um receberá um certo número de impressões oriundas de seus parceiros. Cada um reconhecerá as intenções dos outros com o propósito de criar e desenvolver a situação dada, sentirá seus estados de espírito e conjeturará as concepções deles sobre a cena imaginada. Também conhecerá suas próprias intenções não concretizadas, seu fracasso em amoldar-se ao enredo, seus parceiros, etc. Todas essas coisas, entretanto, *não* devem ser discutidas; os membros do grupo farão imediatamente uma outra tentativa para realizar a mesma improvisação, confiando ainda no senso de unidade e no contato que estabeleceram entre si.

Nessa segunda vez, a improvisação assumirá, sem dúvida, um formato mais definido, e muitas intenções negligenciadas serão concretizadas. O grupo deve repetir seus esforços uma e outra vez, até que a improvisação atinja o ponto em que começa tendo o aspecto de um pequeno *sketch* bem ensaiado. Nesse meio tempo, apesar da inevitável repetição de palavras, ações e situações, aqui e ali, cada membro deve manter a psicologia de um artista improvisador.

Não se repita, se puder evitá-lo, mas tente, pelo contrário, encontrar uma nova maneira de interpretar a mesma situação. Embora você tenha uma inclinação natural para reter e repetir os melhores momentos de improvisações anteriores, não hesite em alterá-los ou descartá-los se sua "voz interior" o incita a arriscar uma atitude mais expressiva ou uma interpretação mais artística do momento, ou mesmo uma nova postura em relação aos outros participantes. Seu gosto e seu tato lhe dirão o que pode ser alterado e quando e o que deve ser preservado a bem do conjunto e do enredo em desenvolvimento. Não tardará a aprender, por um lado, a ser generoso e desinteressado e, por outro, a explorar com empenho sua liberdade e seus desejos artísticos.

Não importa quantas vezes o grupo queira repetir a mesma improvisação; o que importa é que o começo e o final mantenham-se sempre clara e exatamente definidos.

Em improvisações em grupo, cumpre lembrar, não há necessidade de estabelecer quaisquer pontos adicionais entre o princípio e o fim. Eles são gradualmente encontrados e cristalizados à medida que a improvisação progride, que o tema se estabelece e se consolida e o enredo cresce e se desenvolve.

Assim que a improvisação adquirir a aparência de um *sketch* bem ensaiado, os membros do grupo poderão decidir torná-lo mais interessante, adicionando algumas necessidades – atmosfera, caracterizações, diferentes ritmos –, as quais podem ser todas introduzidas, uma de cada vez.

Quando um tema se esgota, o grupo pode escolher um outro e começar a exercitá-lo, principiando uma vez mais pelo estabelecimento do contato e da unidade, tal como foi descrito no início desse exercício.

O grupo está agora pronto para o seguinte experimento: escolher uma cena de uma peça em que nenhum dos membros tenha atuado e que nenhum deles tenha visto no palco ou na tela. Distribuir os papéis. Escolher um dos membros para "diretor" e solicitar-lhe que encene exatamente o começo e o final da cena escolhida. Depois, conhecendo o conteúdo da cena, começar improvisando toda a parte intermédia. Não se desviem demais da psicologia das personagens que estão interpretando. Não decorem as falas, com exceção, talvez, das do começo e do final. Deixem que toda a trama e a *mise-en-scène* decorram de sua própria iniciativa de improvisação, como nos exercícios anteriores. Podem declamar aqui e ali algumas falas que se aproximam das escritas pelo autor, mas se, por acaso, retiveram algumas delas na memória, não há necessidade de desvirtuá-las deliberadamente a fim de fazê-las soar "improvisadas".

Não tentem, por ora, desenvolver suas caracterizações; caso contrário, a atenção será desviada daquela "voz interior" que guia sua atividade improvisadora. Entretanto, se os traços característicos do papel que estão desempenhando "insistem" em vir à tona e ser incorporados, não os reprimam.

Tendo assim chegado ao final da cena, peçam a seu "diretor" que encene para vocês, uma vez mais *exatamente*, uma pequena seção da cena, mais ou menos no meio. Comecem então a improvisação de novo, desde o início até esse ponto intermédio "dirigido", e prossigam daí até o final. Desse modo, preenchendo as lacunas passo a passo, logo estarão aptos a interpretar a cena inteira tal como foi escrita pelo autor, mantendo sempre a *psicologia do conjunto improvisador*. Ficarão cada vez mais convencidos de que, mesmo trabalhando numa peça de verdade, com todas as sugestões (necessidades) do diretor e do autor, ainda assim estarão livres para improvisar criativamente, e logo essa convicção se converterá em uma nova capacidade, em uma *segunda natureza*, por assim dizer.

O grupo pode começar então a desenvolver as caracterizações.

Esse exercício, como você certamente percebeu, tem o objetivo de familiarizá-lo com a riqueza de sua própria alma de ator.

Ao concluir este capítulo, faz-se necessário acrescentar uma palavra de advertência. Se, enquanto improvisa, você começa a sentir que está ficando insincero ou afetado, pode ter certeza de que isso resulta da interferência de sua "lógica" ou do uso excessivo de palavras desnecessárias. Deve ter a coragem de confiar completamente em seu espírito improvisador. Siga a *sucessão psicológica de eventos interiores* (sentimentos, emoções, desejos e outros impulsos) que lhe falam desde as profundezas de sua individualidade criativa e não tardará em convencer-se de que essa "voz interior" que possui nunca mente.

A par dos exercícios de grupo, é altamente aconselhável continuar os exercícios individuais, porque ambos não se substituem mas se complementam.

Capítulo 4
Atmosfera e sentimentos individuais

> A idéia de uma peça produzida no palco é
> seu *espírito*; sua atmosfera é sua *alma*;
> e tudo o que é visível e audível é seu *corpo*.

Não penso que seja errôneo dizer que existem duas diferentes concepções entre atores a respeito do palco em que investem todas as suas esperanças e no qual despenderão a maior parte de suas vidas. Para alguns deles, o palco nada mais é do que um espaço vazio que, de tempos em tempos, se enche de atores, carpinteiros e maquinistas, cenários e adereços; para eles, tudo o que ali aparece é apenas o visível e o audível. Para outros, o exíguo espaço do palco é um mundo inteiro, impregnado de uma *atmosfera* tão forte, tão magnética, que dificilmente suportam separar-se dele depois que o pano cai no final de uma apresentação.

Em tempos idos, quando uma aura de romance ainda envolvia nossa profissão, os atores passavam freqüentemente noites encantadas em seus camarins vazios, ou entre peças de cenário, ou vagueando no palco semiiluminado, como o velho trágico em *O Canto do Cisne*, de Anton Tchekhov. Sua experiência de tantos anos ligou-os indissoluvelmente a esse palco cheio de um encanto mágico. Eles precisavam dessa *atmosfera*. Ela lhes dava inspiração e força para suas futuras interpretações.

Mas as atmosferas são ilimitadas e podem ser encontradas em toda a parte. Cada paisagem, rua, casa ou sala; uma biblioteca, um hospital, uma catedral, um ruidoso restaurante, um museu; a manhã, o entardecer, a noite; primavera, verão, outono e inverno – cada fenômeno e cada evento possui sua própria atmosfera particular.

Os atores que possuem ou que recentemente adquiriram amor e compreensão pela atmosfera de uma *performance* sabem muitíssimo bem que forte vínculo ela cria entre eles e o espectador. Sendo também envolvido por ela, o próprio espectador começa "atuando" juntamente com os atores. Um desempenho coercivo, irresistível resulta da *ação recíproca* entre o ator e o espectador. Se os atores, o diretor, o autor, o cenógrafo e, com freqüência, os músicos criaram verdadeiramente a atmosfera para a *performance*, o espectador não será capaz de lhe permanecer distante mas, pelo contrário, reagirá com inspiradoras ondas de amor e confiança.

Também é significativo o fato de que a atmosfera *aprofunda* a percepção do espectador. Pergunte a si mesmo de que modo, como espectador, perceberia a mesma cena se esta fosse interpretada diante de você de duas maneiras – uma sem e a outra com atmosfera. No primeiro caso, apreenderia indubitavelmente o conteúdo da cena com seu intelecto mas seria incapaz de penetrar em seus aspectos psicológicos tão profundamente quanto o faria se deixasse a atmosfera da peça ajudá-lo. No segundo caso, com a atmosfera reinando no palco, seus *sentimentos* (e não apenas seu intelecto) seriam acordados e estimulados. Seriam sentidos o conteúdo e a própria essência da cena. A compreensão seria ampliada por esses sentimentos. O conteúdo da cena tornar-se-ia mais rico e mais significativo sua percepção. Que seria do conteúdo da cena de abertura vitalmente importante de *O Inspetor Geral*, de Gógol, se ela fosse percebida sem sua atmosfera? Amenamente resumida, a cena consiste nos funcionários corruptos preocupados em discutir formas de escapar à punição que esperam com a chegada do inspetor de Petersburgo. Dotemos a cena de sua atmosfera própria e vê-la-emos e reagiremos a ela de um modo muito diferente; por meio da atmosfera, perceberemos o conteúdo dessa mesma cena como sendo o de catástrofe iminente, conspiração, depressão e horror quase "místico". Não só a sutileza psicológica da alma de um patife nos será revelada através da atmosfera da cena de abertura, não só o humor dos açoites a que Gógol sentenciou seus heróis ("Não responsabilize o espelho quando é seu próprio rosto que está contorcido"), mas todos os funcionários assumirão novo e maior significado, tornando-se *símbolos*, retratando pecadores de todas as espécies, de todas as épocas e de todos os lugares, sem que, ao mesmo tempo, deixem de ser caracteres individuais com todos os seus traços peculiares. Ou imagine-se Romeu dizendo suas belas palavras de amor a Julieta sem a atmosfera que deve rodear esses dois seres enamorados. Poderemos ainda deleitar-nos com a incomparável poesia de Shakespeare mas sentiremos definitivamente uma nítida ausência de algo que é real, vital e inspirador. O quê? Não é o próprio *amor*, a *atmosfera* de amor?

Como espectador, você nunca teve essa peculiar sensação de "estou olhando para um *espaço psicologicamente vazio*", enquanto assiste a uma cena representada no palco? Tratava-se de uma cena destituída de atmosfera. Não recebemos também, muitos de nós, sensações analogamente insatisfatórias quando uma atmosfera cênica errada falseou o verdadeiro conteúdo da cena? Recordo muito bem uma apresentação do *Hamlet* em que, na cena da loucura de Ofélia, os atores criaram acidentalmente uma atmosfera de leve medo, em vez de profunda tragédia e dor. Foi surpreendente ver quanto humor indeliberado essa atmosfera errada provocou em todos os movimentos, palavras e olhares da pobre Ofélia!

A atmosfera exerce uma influência extremamente forte em nosso desempenho. Você já notou como, involuntariamente, muda movimentos, fala, comportamento, pensamentos e sentimentos assim que cria uma atmosfera forte, contagiosa, e como a influência dela aumenta se você a aceitar e render-se a ela de bom grado? Cada noite, enquanto atuar, submetendo-se à atmosfera da peça ou da cena, você poderá deliciar-se ao observar os novos detalhes e nuanças que surgirão por si mesmos de sua interpretação. Não precisará apegar-se covardemente aos clichês da atuação da véspera. O espaço, o ar em redor que você encheu de atmosfera sempre sustentará e despertará novos sentimentos e impulsos criativos. A atmosfera incita-nos a atuar em harmonia com ela.

O que é esse incitamento, donde provém? Em termos figurativos, provém da *vontade*, da força dinâmica ou impulsora (chame-a como quiser) que vive na atmosfera. Experimentando, por exemplo, uma atmosfera de felicidade, descobriremos que sua *vontade* desperta em nós o desejo de expansão, de abertura, de desdobramento, de conquista de espaço. Suponhamos agora uma atmosfera de depressão ou luto. A *vontade* dessa atmosfera não será completamente inversa? Não sentiremos, nesse caso, um impulso de contração, de fechamento, até de diminuição de nosso próprio ser?

Mas desafiemos isso, por um momento, com: "Em atmosferas fortes, dinâmicas, tais como catástrofes, pânico, ódio, exultação ou heroísmo, a *vontade* delas, seu poder instigador, é bastante óbvio. Mas o que acontece a essa força poderosa em meio a atmosferas calmas e pacíficas, como um cemitério esquecido, a tranqüilidade de uma manhã de verão ou o silencioso mistério de uma velha floresta?" A explicação é simples: nesses casos, a *vontade* da atmosfera é aparentemente menos forte apenas porque não é tão obviamente violenta. No entanto, ela está presente e influencia-nos com tanta força quanto qualquer outra atmosfera. Um não-ator ou uma pessoa destituída de sensibilidade artística manter-se-ão provavelmente passivos na atmosfera de uma tranqüila noite enluarada; mas um ator que se entregue totalmente a ela não tarda em sentir uma espécie de atividade criativa gerada em seu íntimo. Uma após outra, aparecerão imagens diante dele que o atrairão gradualmente para a própria esfera delas. A *vontade* dessa noite tranqüila logo se transformará em seres, eventos, palavras e movimentos. Não foi a atmosfera de aconchego, encanto e amor que cercava a lareira na pequena casa de John Piribingle (*O Grilo na Lareira*) que deu vida, na imaginação de Dickens, ao obstinado bule de chá, à fada, à Litte Dot e sua eterna companhia, Tilly Slowboy, e até ao próprio Piribingle? Não existe atmosfera desprovida de dinâmica interior, vida e vontade. Tudo o que se precisa para obter inspiração a partir dela é abrirmo-nos a seu influxo. Um pouco de prática nos ensinará como fazê-lo.

Para fins práticos, devemos agora enunciar dois fatos. Primeiro, temos de fazer uma distinção clara entre os *sentimentos individuais* das personagens e as atmosferas das cenas. Embora ambas as coisas pertençam ao domínio dos sentimentos, são de todo independentes umas das outras e podem existir ao mesmo tempo ainda que formem completos contrastes. Citemos alguns exemplos extraídos da vida. Imagine-se uma catástrofe de rua. Um grupo numeroso de pessoas cerca o lugar. Todas sentem a forte, deprimente, assustadora e torturante atmosfera da cena. O grupo está todo envolvido por ela e, no entanto, é improvável que encontremos sentimentos idênticos em dois indivíduos quaisquer dessa multidão. Um permanece frio e insensível ao acontecimento, outro sente uma forte satisfação egoísta por não ser a vítima; um terceiro (talvez o policial) está em plena atividade, dentro do espírito de quem cuida de seu negócio, e um quarto mostra-se cheio de compaixão.

Um ateu pode manter seus sentimentos céticos numa atmosfera de reverência e devoção religiosas, e um homem enlutado pode levar a dor em sua alma mesmo quando ingressa numa atmosfera de alegria e felicidade. Portanto, ao estabelecer uma distinção entre os dois, devemos chamar às atmosferas *sentimentos objetivos*, em contraposição aos *sentimentos subjetivos* individuais. Depois, devemos estar conscientes do princípio de que duas diferentes atmosferas (sentimentos objetivos) *não podem existir simultaneamente*. A atmosfera mais forte derrota inevitavelmente a mais fraca. Vamos dar mais um exemplo.

Imagine-se um velho castelo abandonado, onde o próprio tempo parece ter parado há muitos séculos e preservado, em invisível mas obcecante glória, os pensamentos e as façanhas, as mágoas e as alegrias de seus habitantes há muito esquecidos. Uma atmosfera misteriosa, tranqüila, impregna esses salões, corredores, porões e torres vazios. Um grupo de pessoas entra no castelo, trazendo consigo uma atmosfera ruidosa, alegre, despreocupada, a que não faltam risos e gargalhadas. O que acontece agora? As duas atmosferas entrechocam-se imediatamente num combate mortal, e não tarda muito para que uma delas se revele a vitoriosa. Ou o grupo de alegres pessoas, com sua atmosfera, se submete à atmosfera solene e imponente do velho castelo, ou este se torna "morto" e "vazio", despojado de seu antigo espírito, e deixa de contar sua história sem palavras!

Esses dois fatos, devidamente considerados, conferem a atores e diretores o meio prático para criar certos efeitos no palco: o conflito entre duas atmosferas contrastantes e a lenta ou súbita derrota de uma delas ou os sentimentos individuais de uma personagem travando uma luta com a atmosfera hostil, com a conseqüente vitória ou derrota da atmosfera em face dos sentimentos individuais.

Esses eventos psicológicos no palco criarão sempre *suspense* para o público, porque todos os contrastes, as colisões, os combates, as derrotas e as vitórias que ali ocorrem devem ser levados à conta dos fortes, se não os mais fortes, efeitos dramáticos da *performance*. Os contrastes no palco geram essa almejada tensão numa platéia, enquanto a vitória ou a derrota com que a luta termina proporciona ao público uma forte satisfação estética, que pode ser comparada à decorrente de um acorde musical resolvido.

Muito pode ser feito em benefício de uma peça desse modo, mesmo que as atmosferas sejam apenas ligeiramente sugeridas pelo autor. Existem numerosos meios, puramente teatrais, pelos quais se criam atmosferas no palco, ainda que não sejam indicados pelo autor: luzes, com suas sombras e cores; cenários, com seus contornos, aparências e formas de composição; efeitos musicais e sonoros; agrupamento de atores, suas vozes, com toda uma variedade de timbres, seus movimentos, suas pausas, suas mudanças de ritmo, todas as espécies de efeitos rítmicos, marcações e maneiras de atuar. Praticamente tudo o que o público percebe no palco pode servir ao propósito de realçar atmosferas ou mesmo recriá-las.

Sabe-se que o domínio da arte é, primordialmente, o domínio dos sentimentos. Seria uma boa e verdadeira definição dizer que a atmosfera de cada obra de arte é seu *cora-*

ção, sua *alma sensível*. Por conseguinte, é também a alma, o coração de todas e de cada *performance* no palco. Para que isso fique claramente entendido, façamos uma comparação. Sabemos que todo ser humano normal exerce três principais funções psicológicas: pensamentos, sentimentos e impulsos volitivos. Imaginemos agora, por um momento, um ser humano completamente desprovido da capacidade de *sentir*, um ser humano que possa ser qualificado de inteiramente "insensível". Imaginemos ainda que seus pensamentos, idéias e concepções intelectuais abstratas, por um lado, e seus impulsos volitivos e ações, por outro, contatam mutuamente e se encontram sem nenhum elo interveniente, sem sentimentos entre si. Que espécie de impressão tal pessoa "insensível" causa em você? Seria ainda um homem, um ser humano? Não se apresentaria a seus olhos como uma "máquina", um robô inteligente, refinado e extremamente complexo? Semelhante máquina não lhe pareceria estar num nível inferior ao de um ser humano, cujas três funções (pensamentos, sentimentos e vontade) devem trabalhar em conjunto e em plena harmonia entre si?

Nossos sentimentos harmonizam nossas idéias e nossos impulsos volitivos. Não apenas isso; eles modificam, controlam e aperfeiçoam as idéias e os impulsos, tornando-os "humanos". Uma tendência para a destruição surge nos seres humanos que são destituídos de sentimentos ou que os negligenciam. Se quiserem exemplos, folheiem as páginas da história. Quantas idéias políticas ou diplomáticas convertidas em ação sem serem controladas, modificadas e purificadas pela influência de sentimentos merecem que lhes chamemos humanas, benévolas ou construtivas? Existem efeitos idênticos no domínio da arte. Uma *performance* desprovida de suas atmosferas gera a impressão de um *mecanismo*. Mesmo que o público seja capaz de apreciar a excelente técnica e habilidade dos artistas e o valor da peça, poderá, não obstante, permanecer frio, sem que todo o desempenho o impressione ou o comova. A vida emocional das personagens no palco é somente, com raras exceções, um substituto da atmosfera. Isso é especialmente verdadeiro em nossa era intelectual e árida, em que tememos nossos próprios sentimentos e os dos outros. Não esqueçamos que, no domínio da arte, no teatro, não há desculpa para o banimento de atmosferas. Um indivíduo, se assim o desejar, pode prescindir de seus sentimentos por algum tempo em sua vida privada; mas as artes, e o teatro em particular, avizinham-se lentamente da morte se as atmosferas deixam de resplandecer através de suas criações. A grande missão do ator, assim como a do diretor e a do autor teatral, é salvar a alma do teatro e, concomitantemente, o futuro de nossa profissão.

Caso deseje aumentar seu senso de atmosfera e também adquirir uma certa técnica para criá-la de acordo com sua vontade, seguem-se algumas sugestões de exercícios.

Exercício 14

Comece com a observação da vida a sua volta. Procure sistematicamente diferentes atmosferas que possa encontrar. Tente não ignorar ou rejeitar atmosferas porque lhe pareçam fracas, sutis ou dificilmente perceptíveis. Preste especial atenção ao fato de que cada atmosfera que observa está realmente *difundida no ar*, envolvendo pessoas e eventos, enchendo recintos, flutuando nas paisagens, impregnando a vida de que ela é uma parte integrante.

Observe as pessoas enquanto estão cercadas por uma certa atmosfera. Veja se se movimentam e falam em harmonia com ela, se a ela se submetem, se lutam contra ela ou em que medida lhe são sensíveis ou indiferentes.

Após um período de observação, quando sua capacidade de perceber atmosferas estiver suficientemente treinada e aguçada, comece fazendo experiências consigo mesmo. Consciente e deliberadamente, procure submeter-se a certas atmosferas, "escutá-las" como se estivesse ouvindo música, e deixe que elas o influenciem. Consinta que elas mobilizem seus próprios sentimentos individuais. Comece a movimentar-se e a falar em harmonia com as diferentes atmosferas que encontrar. Depois, escolha casos em que possa lutar com uma atmosfera específica, tentando desenvolver e preservar sentimentos que forem contrários a ela.

Após ter trabalhado por algum tempo com atmosferas que encontra na vida real, comece a *imaginar* eventos e circunstâncias com suas atmosferas correspondentes. Inspire-se na literatura, na história, em peças teatrais ou invente-as você mesmo. Visualize, por exemplo, a tomada da Bastilha. Imagine o momento em que o povo de Paris invade uma das celas da prisão. Deixe que a cena, criada por sua imaginação, apareça em seu espírito com superlativa clareza e depois diga a si mesmo: "A multidão é inspirada por uma atmosfera de *extrema agitação, ébria de força e de ilimitado poder*. Todos estão envolvidos nessa atmosfera." E agora observe os rostos, os movimentos, os distintos grupos e cada uma das figuras da multidão. Atente para o ritmo do evento. Escute os gritos, o timbre das vozes. Observe minunciosamente todos os detalhes da cena e veja como a atmosfera imprime seu cunho em tudo e em todos nesse agitado acontecimento.

Mude agora um pouco a atmosfera e, uma vez mais, observe sua *performance*. Dessa vez, deixe que a atmosfera assuma o caráter de *perversa e implacável crueldade*. Veja com que poder e autoridade essa atmosfera alterada mudará tudo o que estiver acontecendo na cela da prisão! Rostos, movimentos, vozes, grupos, tudo será diferente agora, tudo expressará a vontade vingativa da multidão. Será uma *performance* diferente, embora o tema seja o mesmo.

Mude a atmosfera uma vez mais. Faça com que ela seja *arrogante, digna e majestosa*. Uma nova transformação terá lugar.

Aprenda agora a criar as atmosferas *sem imaginar qualquer ocorrência ou circunstância*. Você pode fazê-lo imaginando o *espaço*, o *ar* seu redor repleto de uma certa atmosfera, assim como pode enchê-lo de luz, fragrância, calor, frio, poeira ou fumaça. Imagine primeiramente qualquer atmosfera simples e tranqüila, como aconchego, respeito, solidão, pressentimento, etc. Não se pergunte como é possível imaginar um sentimento de respeito ou reverência ou qualquer outro sentimento flutuando no ar a sua volta antes de realmente tentá-lo. Dois ou três esforços o convencerão de que isso não só é possível como também extremamente fácil. Nesse exercício eu apelo para sua imaginação e não para sua razão fria, analítica. O que é nossa arte senão uma bela "ficção" baseada em nossa imaginação criativa? Faça esse exercício tão simplesmente quanto eu estou procurando transmiti-lo. Não faça mais do que *imaginar sentimentos que se propagam e se difundem a sua volta, enchendo o ar*. Realize esse exercício com uma série de diferentes atmosferas.

Dê agora o passo seguinte. Escolha uma atmosfera definida, imagine-a propagando-se a sua volta no ar e depois descreva um movimento leve com o braço e a mão. Cuide que o movimento esteja em harmonia com a atmosfera circundante. Se escolheu uma atmosfera *calma e pacífica*, seu movimento será também sereno. Uma atmosfera de *cautela* conduzirá seu braço e sua mão cautelosamente. Repita esse simples movimento até ter a sensação de que braço e mão foram *impregnados* da atmosfera escolhida. A atmosfera deve encher-lhe o braço e expressar-se completamente *por meio de* seu movimento.

Evite dois possíveis erros. Não seja impaciente em "desempenhar" ou "representar" a atmosfera com seu movimento. Não se iluda; tenha confiança no poder da atmosfera, imagine-a e corteje-a todo o tempo que for necessário (não será realmente muito!) e depois movimente o braço e a mão *dentro* dela. Um outro erro que você poderá cometer é tentar *obrigar-se* a sentir a atmosfera. Procure evitar esse esforço. Você a *sentirá* a sua volta e dentro de si logo que concentrar nela adequadamente sua atenção. Ela agitará seus sentimentos naturalmente, sem nenhuma violência desnecessária e perturbadora de sua parte. Acontecerá com você exatamente o que acontece na vida: quando depara com a atmosfera de um desastre de rua, não pode deixar de *senti-la*.

Passe para movimentos mais complicados. Ponha-se de pé, sente-se, apanhe um objeto e transporte-o para algum outro lugar, abra e feche a porta, dê uma arrumação diferente às coisas sobre a mesa. Esforce-se por obter os mesmos resultados que antes.

Diga agora algumas palavras, primeiro sem o acompanhamento de gestos, depois com eles. Palavras e gestos devem ser profundamente simples no começo. Tente-o com um diálogo corriqueiro, como: "Sente-se, por favor!" (um gesto de convite); "Já não preciso disso" (gesto de rasgar um papel); "Dê-me esse livro, por favor" (um gesto de indicação). Tal como antes, cuide que esses gestos estejam em total harmonia com a respectiva atmosfera. Execute esse exercício em diferentes atmosferas.

Avance um pouco mais no exercício. Crie uma atmosfera a sua volta. Deixe que ela se fortaleça o bastante para que você se sinta totalmente familiarizado e íntimo com ela. Realize uma ação simples decorrente da atmosfera escolhida e depois, pouco a pouco, desenvolva essa ação, continuando a ser guiado pela atmosfera que flui do ambiente, até convertê-la numa cena curta. Faça esse exercício em diferentes atmosferas, com aquelas que têm um caráter mais violento, com êxtase, desespero, pânico, aversão ou heroísmo.

Volte a criar a sua volta uma certa atmosfera e, tendo-a vivido por algum tempo, tente imaginar circunstâncias que se harmonizem com ela.

Leia peças teatrais e tente definir as respectivas atmosferas, *imaginando* as cenas repetidas vezes (em lugar de usar seu raciocínio). Para cada peça, poderá organizar uma espécie de "tabela" de sucessivas atmosferas. Para criar essa "tabela", não precisa levar em conta a divisão de atos ou cenas dada pelo autor, porque a mesma atmosfera pode abranger muitas cenas ou mudar várias vezes numa única cena.

Não esqueça tampouco a atmosfera global da peça. Cada peça possui essa atmosfera geral de acordo com sua categoria de tragédia, drama, comédia ou farsa; e cada peça tem, além disso, uma certa atmosfera individual.

Os exercícios sobre atmosfera podem ser feitos com muito êxito por um grupo. No trabalho de grupo, a atmosfera mostrará seu poder unificador a todos os participantes. Além disso, o esforço comum para criar uma atmosfera imaginando o espaço ou o ar como impregnados de um certo sentimento produz um efeito muito mais forte do que se esse esforço fosse exercido somente por um indivíduo.

Nesse ponto retornamos à questão dos sentimentos individuais e de como conduzi-los profissionalmente.

Os sentimentos individuais de um ator são, ou poderão tornar-se a qualquer momento, muito instáveis e caprichosos. O ator não pode *ordenar* a si mesmo: "Agora *sinta-se* verdadeiramente triste ou alegre, amoroso ou odiento." Os atores são compelidos, com excessiva freqüência, a *fingir* que estão *sentindo* no palco, e são numerosas por demais as tentativas malogradas para fazer brotar esses sentimentos de seu íntimo. Na maioria dos casos, não se trataria meramente de um "feliz acidente", mais do que de um triunfo de habilidade técnica, quando um ator é capaz de despertar seus sentimentos, sempre que quiser ou deles necessitar? Os verdadeiros sentimentos artísticos, caso se recusem a aparecer por si mesmos, devem ser induzidos por algum recurso técnico que faça o ator adquirir o controle sobre eles.

Parecem existir muitas maneiras de despertar sentimentos criativos. Já mencionamos uma imaginação bem treinada e a vivência dentro de uma atmosfera. Consideremos agora um outro recurso e, passo a passo, o modo de *concretizá-lo na prática*.

Levante um braço. Abaixe-o. O que foi que você fez? Executou uma simples ação física. Fez um gesto. E o fez sem qualquer dificuldade. Por quê? Porque, como toda e qualquer *ação*, esse gesto está completamente dentro de sua vontade. Agora execute o mesmo gesto mas, dessa vez, matize-o com uma certa *qualidade*. Seja essa qualidade a *cautela*. Você fará seu gesto, seu movimento, *cautelosamente*. Não o fez com o mesmo desembaraço? Repita-o várias vezes e veja então o que acontece. Seu movimento, feito cautelosamente, deixou de ser mera ação física; agora ele adquiriu uma certa nuança *psicológica*. O que é essa nuança?

É uma *sensação* de cautela que agora enche e impregna seu braço. É uma sensação psicofísica. Do mesmo modo, se movimentar seu corpo inteiro com a qualidade da cautela, então seu corpo todo será naturalmente invadido por essa sensação.

A sensação é o vaso onde seus sentimentos artísticos genuínos são despejados facilmente e por si mesmos; é uma espécie de magneto que atrai para si sentimentos e emoção análogos à qualidade, seja ela qual for, que você escolheu para seu movimento.

Pergunte-se agora se *forçou* seus sentimentos. Deu a si mesmo a ordem de "sentir-se cauteloso"? Não. Você apenas fez um *movimento dotado de uma certa qualidade*, criando assim uma *sensação de cautela* através da qual despertou seus sentimentos. Repita esse mesmo movimento com várias outras qualidades, e o sentimento, seu desejo, será cada vez mais forte.

Aqui está, pois, o mais simples recurso *técnico* para despertar seus sentimentos se eles se tornarem obstinados, caprichosos e se recusarem a funcionar exatamente quando você deles necessita em seu trabalho profissional.

Depois de alguma prática você descobrirá que, tendo escolhido uma certa qualidade e tendo-a convertido numa sensação, obterá muito mais do que esperava de seus esforços. A qualidade de cautela, para dar apenas um exemplo, poderá despertar em você não só um sentimento de cautela mas também toda a gama de sentimentos afins dessa cautela, de acordo com as circunstâncias dadas na peça. Como subproduto dessa qualidade cautelosa, você poderá sentir-se irritado ou alerta, como se enfrentasse um perigo; poderá sentir-se consolador e terno, como se protegesse uma criança; frio e reservado, como se se protegesse a si mesmo; ou algo atônito e curioso quanto aos motivos pelos quais deve ser cauteloso. Todos esses matizes de sentimentos, por variados que sejam, estão ligados à sensação de cautela.

Mas, perguntará você, como se aplica tudo isso quando o corpo se encontra em posições estáticas?

Qualquer posição do corpo pode ser impregnada de qualidades, exatamente como qualquer movimento. Tudo o que você precisa fazer é dizer a si mesmo: "Vou ficar de pé, sentar-me ou deitar-me com esta ou aquela qualidade em meu corpo", e a reação virá imediatamente, convocando um caleidoscópio de sentimentos a partir do mais íntimo de sua alma.

Pode facilmente acontecer que, enquanto trabalha uma cena, um ator fique em dúvida sobre que qualidade, que sensação terá de escolher. Em face de tal dilema, não hesite em adotar duas ou mesmo três qualidades para sua ação. Pode experimentar uma após outra em busca daquela que será a melhor ou combiná-las todas de uma só vez. Suponhamos que você adote a qualidade do abatimento e, ao mesmo tempo, as qualidades de desespero, reflexão ou cólera. Seja qual for o número de qualidades adequadas que selecione e combine, elas se fundirão sempre numa única sensação para você, à semelhança de um acorde dominante em música.

Assim que seus sentimentos forem estimulados, você será arrebatado por eles, e o seu exercício, ensaio ou *performance* terá encontrado a verdadeira inspiração.

Exercício 15

Execute uma ação simples, natural. Apanhe um objeto da mesa, abra ou feche uma janela ou uma porta, sente-se, ponha-se de pé, caminhe ou corra pela sala. Execute essa ação várias vezes, até que possa desempenhá-la facilmente, com desenvoltura. Agora invista-a de certas qualidades, executando-a com calma, segurança, irritação, mágoa, aflição, sorrateira ou delicadamente. Depois, tente a ação com as qualidades de modelagem, flutuação, vôo e irradiação. Em seguida, imprima a sua ação as qualidades de *staccato*, *legato*, desenvoltura, forma, etc. Repita esse exercício até que a sensação ocupe todo o seu corpo e seus sentimentos lhe respondam facilmente. Procure não *forçar* seus sentimentos a se manifestarem, em vez de seguir e confiar na técnica sugerida. Não se apresse em obter os resultados.

Faça o mesmo com movimentos amplos e largos, tal como no Exercício 1.

Escolha novamente uma qualidade de movimento ou ação e acrescente-lhes duas ou três palavras. Profira essas palavras com a sensação que surge em você.

Caso se exercite com parceiros, faça improvisações simples e use palavras. Pode improvisar um vendedor e um provável cliente. Antes de começar, combine as qualidades que você e seus parceiros irão usar em cada caso.

Não empregue um número excessivo de palavras desnecessárias enquanto se exercita com parceiros.

As falas supérfluas levam-no freqüentemente a desorientar-se; dão a impressão de que está fazendo ativamente o exercício quando, na realidade, paralisam a ação e a substituem pelo conteúdo intelectual das palavras. Assim, um exercício densamente verbal degenera numa conversa vulgar e insípida.

Esses exercícios simples também desenvolverão uma forte sensação de harmonia entre sua vida interior e suas manifestações.

Talvez convenha resumir este capítulo sobre Atmosfera e Sentimentos Individuais com os seguintes destaques:

1. A atmosfera inspira o ator.
2. Une o público e o ator, assim como os atores entre si.
3. Aprofunda a percepção do espectador.
4. Não podem coexistir duas atmosferas contrastantes. Mas os sentimentos individuais das personagens, ainda que contrastem com a atmosfera, podem existir simultaneamente com ela.
5. A atmosfera é a alma da *performance*.

6. Observe a atmosfera na vida.

7. Imagine a mesma cena com diferentes atmosferas.

8. Crie atmosferas a sua volta, sem nenhuma circunstância dada.

9. Movimente-se e fale em harmonia com a atmosfera que criou, seja ela qual for.

10. Imagine circunstâncias adequadas para a atmosfera que criou.

11. Organize numa "tabela" as atmosferas que cria.

12. Concretize movimentos dotados de qualidades-sensações-sentimentos.

Capítulo 5
O gesto psicológico

> A alma deseja habitar no corpo porque,
> sem os membros do corpo, ela não pode
> agir nem sentir.
>
> *Leonardo da Vinci*

No capítulo anterior, eu disse que não podemos controlar diretamente nossos sentimentos mas que podemos instigá-los, provocá-los e induzi-los por certos meios indiretos. A mesma coisa deve ser dita acerca de nossos desejos, necessidades, anseios, carências, apetites, nostalgias e aspirações, que se geram, embora sempre misturados com sentimentos, na esfera de nossa força de vontade.

Nas qualidades e nas sensações encontramos a chave para o tesouro de nossos sentimentos. Mas existirá tal chave para nossa força de vontade? Sim, e encontramo-la no *movimento* (*ação, gesto*). Você pode facilmente provar isso a si mesmo tentando fazer um gesto forte, bem delineado, mas simples. Repita-o várias vezes e você verá que, após um certo tempo, a força de vontade tornar-se-á cada vez mais forte sob a influência desse gesto.

Além disso, descobrirá que a *espécie* de movimento que fizer dará a sua força de vontade uma certa direção ou inclinação; ou seja, despertará e animará em você uma necessidade e um desejo *definidos*.

Assim, podemos dizer que o *vigor* do movimento instiga nossa força de vontade em geral; que a *espécie* de movimento desperta em nós um definido *desejo* correspondente e que a *qualidade* desse mesmo movimento evoca nossos *sentimentos*.

Antes de ver como esses simples princípios podem ser aplicados a nossa profissão, apresentemos alguns exemplos do próprio gesto, a fim de oferecer uma idéia geral de suas conotações.

Imagine que você vai interpretar uma personagem que, de acordo com sua primeira impressão geral, possui uma *vontade* férrea e inquebrantável, está dominada por desejos autoritários, despóticos, e cheia de *ódio e desprezo* ou *repulsa*.

Você trata de procurar um gesto global adequado que possa expressar tudo isso na personagem e, após algumas tentativas, talvez o descubra (ver Desenho 1).

É *forte* e bem delineado. Quando repetido várias vezes, tenderá a fortalecer sua *vontade*. A direção de cada membro, a posição final de todo o corpo, assim como a inclinação da cabeça são tais que evocarão inevitavelmente um *desejo definido de dominação* e *conduta despótica*. As *qualidades* que enchem e impregnam cada músculo do corpo provocarão dentro de você sentimentos de *ódio* e *desprezo* ou *repulsa*. Assim, por meio do gesto você penetra e estimula as profundezas de sua própria psicologia.

Um outro exemplo:

Dessa vez, você define o caráter como agressivo, talvez até fanático, com uma vontade algo veemente, apaixonada. A personagem está completamente aberta a influências vindas do "alto" e obcecada pelo desejo de receber e até forçar "inspirações" oriundas dessas influências. Está cheia de

DESENHO 1

qualidades místicas mas, ao mesmo tempo, planta-se com firmeza no chão e recebe influências igualmente fortes do mundo terreno. Por conseguinte, é uma personagem capaz de conciliar em si mesma influências de cima e de baixo (ver Desenho 2).

Para o exemplo seguinte, escolheremos uma personagem que, de certo modo, contrasta com a segunda. É inteiramente introspectiva, sem o menor desejo de entrar em contato com o mundo de cima ou de baixo, mas não necessariamente um caráter fraco. Seu desejo de isolamento pode ser muito forte. Uma qualidade cismática, melancólica, impregna todo o seu ser. Pode gostar de sua solidão (ver Desenho 3).

Para o exemplo que se segue, imagine um caráter inteiramente ligado a um tipo terreno de vida. Sua vontade poderosa e egoísta é constantemente atraída para baixo. Todos os seus apaixonados desejos e apetites ostentam o cunho das qualidades baixas, ignóbeis ou mesquinhas. Não tem simpatia por nada nem por ninguém. Desconfiança, suspeita e reprovação enchem toda a sua vida interior, introvertida e limitada. A personagem nega um modo reto e honesto de vida, optando sempre por caminhos sinuosos e desonestos. É um tipo de pessoa egocêntrica e, por vezes, agressiva (ver Desenho 4).

Ainda outro exemplo. Poderemos ver o vigor desse caráter em sua vontade negativa, contestadora. Sua principal qualidade poderá parecer-nos o sofrimento, talvez com o matiz da cólera ou da indignação. Por outro lado, uma certa fraqueza impregna sua forma inteira (ver Desenho 5).

Um último exemplo. Dessa vez, sua personagem é de novo um tipo fraco, incapaz de protestar e de lutar para abrir caminho na vida; altamente sensível, propensa ao sofrimento e à autocomiseração, com o forte desejo de

DESENHO 2

DESENHO 3

DESENHO 4

DESENHO 5

DESENHO 6

expressar-se por meio de lamentações e queixumes (ver Desenho 6).

Também nesse caso, como nos anteriores, estudando e exercitando os gestos e suas posições finais, o ator sentirá sua tríplice influência sobre sua psicologia.

Recomendamos com insistência que tenha em mente o fato de todos os gestos e suas interpretações, tais como foram demonstrados, serem apenas exemplos de casos possíveis e não, em absoluto, obrigatórios para seu enfoque individual, quando estiver procurando gestos globais.

Chamemo-lhes *Gestos Psicológicos* (doravante citados como GPs), porque seu objetivo é influenciar, instigar, moldar e sintonizar toda a sua vida interior com seus fins e propósitos artísticos.

Passamos agora ao problema de aplicar o GP ao trabalho profissional.

Há uma peça teatral escrita, que você tem diante dos olhos, com o papel que lhe foi nela destinado. Por enquanto é apenas uma obra literária inanimada. É sua tarefa e de seus companheiros de elenco transformá-la numa obra de arte teatral viva e cênica. O que terá de fazer para cumprir essa tarefa?

Para começar, deve fazer uma primeira tentativa de investigação de sua personagem, penetrar nela, a fim de saber quem é que vai interpretar no palco, que espécie de pessoa ela é. Pode fazer isso usando sua mente analítica ou aplicando o GP. No primeiro caso, escolhe um longo e laborioso caminho, porque a mente racional, de um modo geral, não é suficientemente imaginativa, é demasiado fria e abstrata para que possa realizar um trabalho artístico. Poderá facilmente enfraquecer e retardar por muito tempo sua capacidade de interpretação. Talvez note que, quanto mais sua mente "conhece" a respeito da personagem, menos você está apto a representá-la no palco. Isso é uma lei psicológica. Talvez você saiba muito bem quais são os sentimentos e os desejos de sua personagem, mas esse conhecimento, por si só, não o habilita a satisfazer verdadeiramente a seus desejos ou a vivenciar sinceramente seus sentimentos no palco. É como conhecer tudo a respeito de uma determinada ciência ou arte mas ignorar o fato de que essa inteligência *per se* está muito longe de significar proficiência nessa ciência ou arte. É claro que sua mente pode ser e será muito útil para que você avalie, corrija, verifique, faça aditamentos e ofereça sugestões; entretanto, *ela não fará nada disso antes que sua intuição se tenha afirmado e falado plenamente*. Isso não quer dizer, em absoluto, que a razão (ou o intelecto) seja posta de lado na preparação do papel mas é uma advertência para que não recorra a ela, não deposite nela suas esperanças e para que, no início, ela seja mantida no *background*, de modo que não obstrua nem dificulte seus esforços criativos.

Mas, se escolher um outro método, mais produtivo, se aplicar o GP a fim de estudar sua personagem, estará recorrendo diretamente a suas forças criativas e não se tornará um ator "livresco" ou um que se limita a "papaguear" seu papel mecanicamente.

Mais de um ator me perguntou: "Como posso encontrar o GP sem conhecer primeiro o caráter da personagem para a qual deve ser encontrado o GP, se o uso do intelecto não é recomendado?"

Pelos resultados dos exercícios anteriores, você terá certamente de admitir que sua sólida intuição, imaginação criativa e visão artística lhe proporcionam sempre *alguma* idéia, pelo menos, do que é sua personagem, mesmo nos primeiros contatos com ela. Pode ser apenas uma conjetura, um palpite, mas você pode confiar nele e usá-lo como trampolim para sua primeira tentativa de construção do

GP. Pergunte a si mesmo qual poderá ser o *principal* desejo da personagem e, quando obtiver uma resposta, mesmo que seja tão-somente uma sugestão, comece construindo seu GP passo a passo, usando primeiro a *mão* e o *braço* apenas. Pode jogá-los para diante, agressivamente, apertar os punhos, se o desejo lhe lembrar agarrar ou capturar (cobiça, avareza, cupidez, ganância, mesquinhez); ou poderá estendê-los lenta e cautelosamente, com reserva e prudência, se a personagem deseja tatear ou explorar de maneira ponderada e tímida; ou poderá dirigir ambas as mãos e braços para o alto, suave e facilmente, com as palmas abertas, caso sua intuição lhe diga que a sua personagem quer receber, implorar, suplicar com devoção; ou talvez você queira dirigi-las para baixo, bruscamente, com as palmas voltadas para o chão, os dedos retorcidos como garras, se a personagem anseia por dominar, possuir. Uma vez iniciado esse método, deixará de sentir qualquer dificuldade (de fato, acontecerá naturalmente) em ampliar e ajustar seu gesto aos ombros, ao pescoço, à posição de sua cabeça e torso, pernas e pés, até que *todo* o seu corpo esteja assim ocupado. Trabalhando desse modo, não tardará a descobrir se seu primeiro palpite quanto ao primeiro desejo da personagem era correto ou não. O próprio GP o conduzirá a essa descoberta, sem muita interferência por parte da mente racional. Em alguns casos, poderá sentir a necessidade de realizar seu GP a partir de uma posição que lhe foi sugerida pela personagem, e não a partir de uma posição neutra. Considere o nosso segundo GP (ver Desenho 2), onde se expressa uma abertura e uma expansão completas. Sua personagem pode ser introspectiva ou introvertida, e seu principal desejo pode definir-se como um impulso irresistível para se mostrar aberta e receptiva às influências vindas de cima. Nesse caso você poderia partir de uma posição mais ou menos fechada, em vez de neutra. Na escolha de uma posição de partida, você é, evidentemente, tão livre quanto na criação de qualquer GP.

Agora continue desenvolvendo o GP, corrigindo-o e melhorando-o, adicionando-lhe todas as qualidades que encontra na personagem, levando-a lentamente até o estágio de perfeição. Após uma breve experiência, estará apto a encontrar o GP correto praticamente de imediato, e só terá que o aperfeiçoar de acordo com seu próprio gosto ou com o de seu diretor, enquanto visa a sua versão final.

Ao usar o GP como um meio de exploração da personagem, você faz realmente mais do que isso. Na verdade, prepara-se para interpretá-la. Elaborando, melhorando, aperfeiçoando e exercitando o GP, ao mesmo tempo você está se tornando cada vez mais a própria personagem. Sua vontade, seus sentimentos são instigados e despertos em seu íntimo. Quanto mais progredir nesse trabalho, mais o GP lhe revela a personagem inteira em forma *condensada*, fazendo de você o detentor e o senhor de seu *núcleo imutável* (a que aludimos no Capítulo 1).

Assumir um GP significa, portanto, preparar o papel inteiro em sua *essência*, após o que se tornará uma fácil tarefa elaborar todos os detalhes nos ensaios realizados no palco. Não terá de vacilar e tatear o caminho, como freqüentemente acontece quando o ator começa vestindo um papel com carne, sangue e nervos, sem ter descoberto primeiro sua coluna vertebral. O GP fornece-lhe justamente essa coluna vertebral. É o modo mais curto, mais fácil e mais artístico de transformar uma criação literária numa obra de arte cênica.

Até agora falei do GP como aplicável à personagem inteira. Mas o ator pode igualmente usá-lo para qualquer segmento do papel, para cenas ou falas separadas, se assim o desejar, ou até para frases separadas. O modo de descobri-lo e aplicá-lo nesses casos mais breves é exatamente o mesmo que para a personagem toda.

Se tiver quaisquer dúvidas sobre como reconciliar o GP global para o papel como um todo com GPs particulares, menores, para distintas cenas, a seguinte ilustração servirá para esclarecer esse ponto.

Imagine três personagens diferentes: Hamlet, Falstaff e Malvólio. Cada uma dessas personagens pode encolerizar-se, tornar-se pensativa ou começar a rir. Mas não farão nenhuma dessas coisas do mesmo modo, porquanto são *personagens diferentes*. Suas diferenças influenciarão sua cólera, sua meditação e seu riso. O mesmo ocorre com GPs diferentes. Sendo uma essência da personagem toda, o GP global influenciará espontaneamente todos os GPs menores. A sensibilidade bem desenvolvida do ator ao GP (ver o exercício seguinte) mostrar-lhe-á intuitivamente que matizes devem ser elaborados em todos os GPs menores a fim de que condigam e se harmonizem com o GP maior. Quanto mais se trabalhar os GPs, mais se perceberá como são flexíveis, que possibilidades ilimitadas oferecem para colori-los do modo que se quiser. O que pode parecer um problema insolúvel para a mente estéril e calculista é resolvido com extrema simplicidade pela intuição criativa e a imaginação, que é donde promana o GP.

Por outro lado, poderá usar esses GPs menores apenas enquanto precisar deles para estudar sua cena, sua fala, etc., e depois abandoná-los completamente. Mas o GP global para a personagem ficará sempre com você.

Uma outra pergunta que pode surgir no espírito do ator é esta: "Quem me diz se o GP que encontro para minha personagem é o certo?" A resposta: *"Só você e ninguém mais."* É sua própria e livre criação, através da qual sua individualidade se expressa. *Está certa se lhe satisfizer como artis-*

ta. Entretanto, o diretor tem todo o direito de sugerir alterações ao GP que o ator encontrou.

A única pergunta que o ator pode permitir-se a esse respeito é se executou o GP corretamente ou não; isto é, se observou todas as condições necessárias para tal gesto. Investiguemos essas condições.

Existem duas espécies de gestos. Uma que usamos tanto quando atuamos no palco como na vida cotidiana: são os gestos naturais e usuais. A outra espécie consiste no que poderíamos chamar de gestos arquetípicos, aqueles que servem como modelo original para todos os gestos possíveis da mesma espécie. O GP pertence a esse segundo tipo. Os gestos cotidianos são incapazes de instigar nossa vontade porque são excessivamente limitados, fracos demais e particularizados. Não ocupam todo o nosso corpo, psicologia e alma, ao passo que o GP, como arquétipo, apossa-se deles *inteiramente*. (Você se preparou para fazer gestos arquetípicos no Exercício 1, quando aprendeu a executar movimentos largos e amplos, usando o máximo de espaço a sua volta.)

O GP deve ser forte, a fim de poder estimular e aumentar nossa força de vontade, mas nunca deve ser produzido por meio de desnecessária tensão muscular (a qual enfraquece o movimento, em vez de aumentar-lhe a força). É claro que se o GP é de natureza violenta, como o escolhido para nosso primeiro exemplo (ver Desenho 1), então não se pode evitar o uso do vigor muscular; mas até mesmo nesse caso a verdadeira força do gesto é mais psicológica do que física. Pense numa mãe carinhosa apertando seu bebê contra o seio com toda a veemência do amor materno e, no entanto, com os músculos quase completamente descontraídos. Se você exercitou adequada e suficientemente os movimentos de moldagem, flutuação, vôo e irradiação (ver Capítulo 1), saberá que a verdadeira força nada tem a ver com o excesso de tensão de seus músculos.

Em nossos dois últimos exemplos (5 e 6), supusemos que as personagens eram mais ou menos fracas. Por conseguinte, pode suscitar-se a pergunta sobre se, ao apresentar-se uma personagem fraca, o próprio gesto não deve também perder sua força. A resposta é não, em absoluto. O GP deve permanecer sempre forte, e a fraqueza deve ser encarada somente como sua qualidade. Assim o vigor psicológico do GP pouco sofrerá, seja ele apresentado com brandura, ternura, afeto, amor ou mesmo com qualidades como preguiça ou cansaço, combinados com fraqueza. Além disso, é o ator, e não a personagem, que produz um GP forte, e é a personagem, e não o ator, que é indolente, cansada ou fraca.

Ademais, o GP deve ser tão *simples* quanto possível, porque sua tarefa consiste em resumir a intricada psicologia de uma personagem de forma facilmente verificável, em comprimi-la em sua essência. Um GP complicado não tem possibilidade alguma de fazê-lo. Um verdadeiro GP assemelha-se aos largos traços a carvão na tela de um artista, antes de ele começar a elaborar os detalhes. É, repetimos, o esqueleto em torno do qual será edificada toda a complicada construção arquitetônica da personagem.

O GP deve ainda ter uma forma muito clara e definida. Qualquer imprecisão nele existente deve provar ao ator que ainda não é na essência, no cerne da psicologia da personagem que ele está trabalhando. (O senso de forma, como recordarão, estava implícito no exercício sobre movimentos de modelagem, flutuação e outros, Capítulo 1.)

Muito depende também do ritmo em que se exercita o GP, uma vez que este tenha sido encontrado. Todas as pessoas empregam diferentes ritmos na vida. Isso depende principalmente do temperamento e do destino de cada um. Pode-se dizer o mesmo das personagens de uma peça. O ritmo geral em que a personagem vive depende largamente da *interpretação* que o ator lhe dá. Comparem-se os Desenhos 2 e 3. Você reconhece e sente como o ritmo de vida é muito mais rápido no primeiro?

O mesmo GP realizado em ritmos diferentes pode ter mudadas suas qualidades, sua força de vontade e sua suscetibilidade a diferentes nuanças. Tome qualquer de nossos exemplos de GP e tente produzi-los, primeiro em ritmos lentos, depois em ritmos rápidos.

Estude o gesto do primeiro desenho, por exemplo: reduzido seu ritmo, ele evoca em nossa imaginação uma personagem ditatorial, um tanto obstinada, sagaz, refletida, capaz de planejar e de conspirar e, de certo modo, paciente e autocontrolada; acelere o ritmo e a personagem torna-se um caráter cruel, implacável, criminosa, de uma vontade sem freios, incapaz de qualquer conduta racional.

Muitas transformações por que pode passar uma personagem no decorrer da peça são freqüentemente suscetíveis de expressar-se mediante uma simples mudança de ritmo no mesmo GP que foi encontrado para o papel. (O problema de ritmo no palco será discutido adiante mais pormenorizadamente.)

Tendo atingido o limite físico do GP, quando seu corpo é incapaz de ampliá-lo mais, você deverá ainda continuar a tentar por algum tempo (dez a quinze segundos), ultrapassando as fronteiras de seu corpo mediante a *irradiação* de sua energia e de suas qualidades na direção indicada pelo GP. Essa irradiação fortalecerá imensamente e verdadeira força psicológica do gesto, habilitando-a a produzir maior influência sobre sua vida interior.

As poucas condições precedentes são aquelas que devem ser observadas a fim de se criar um correto GP.

Agora sua tarefa será desenvolver uma fina *sensibilidade* para o gesto que executa.

DESENHO 7

Exercício 16

Adote como ilustração o GP de uma personagem que *se fecha calmamente em si mesma* (ver Desenho 7). Encontre uma frase que lhe corresponda; por exemplo: "Desejo que me deixem só." Ensaie o gesto e a frase simultaneamente, para que as qualidades de vontade comedida e calma penetrem em sua psicologia e em sua voz. Depois, comece fazendo pequenas alterações no GP. Se, digamos, a posição de sua cabeça tinha sido ereta, incline-a ligeiramente para baixo e projete seu olhar na mesma direção. Que mudança isso efetuou em sua psicologia? Sentiu que à qualidade de calma foi adicionada uma leve coloração de *insistência, obstinação*?

Faça várias vezes esse GP alterado, até ser capaz de proferir sua frase em completa harmonia com a mudança que ocorreu.

Realize uma nova alteração. Dessa vez, dobre levemente seu joelho direito, transferindo o peso do corpo para a perna esquerda. O GP poderá agora adquirir um matiz de *renúncia*, de capitulação. Erga as mãos até o rosto, e a qualidade de renúncia pode tornar-se mais forte e novas e ligeiras nuanças de *inevitabilidade* e *solidão* serão introduzidas. Jogue a cabeça para trás e feche os olhos: surgirão as qualidades de *sofrimento* e *empenho da palavra*. Volte as palmas para fora: *autodefesa*. Incline a cabeça para o lado: *autocomiseração*. Dobre os três dedos do meio de cada mão: poderá ocorrer uma leve sugestão de *humor*. Com cada alteração, diga a mesma frase de modo que se harmonize com ela.

Recorde-se de que esses exemplos também são apenas algumas das possíveis experiências que o GP pode trazer-nos à mente; de fato, sua gama pode ser ilimitada. Sinta-se sempre livre para interpretar todos os gestos com suas alterações. *Quanto menor for a mudança em seu gesto, mais sutil será a sensibilidade que se desenvolverá em você.*

Continue esse exercício até que seu *corpo todo* – a posição de cabeça, ombros, pescoço, os movimentos de braços, mãos, dedos, cotovelos, torso, pernas, pés, a direção de seu olhar – desperte em você reações psicologicamente correspondentes.

Escolha qualquer GP, exercite-o por algum tempo em ritmo lento e depois aumente-o *gradativamente*, até atingir o ritmo mais rápido possível. Procure vivenciar a reação psicológica que cada ritmo suscita em você (poderá usar, como ponto de partida, os exemplos sugeridos). Para cada grau de ritmo encontre uma *nova* frase adequada e diga-a enquanto executa seu gesto.

Esse exercício sobre sensibilidade também aumentará consideravelmente o senso de *harmonia* entre seu corpo, sua psicologia e sua fala. Desenvolvido em alto grau, você deve estar apto a dizer: "Sinto meu corpo e minha fala como continuação direta de minha psicologia. Sinto-os como partes visíveis e audíveis de minha alma."

Você não tardará a notar que, enquanto atua, desempenhando seu papel, declamando suas falas, fazendo gestos simples e naturais, o GP está, de algum modo, *sempre presente* no mais recôndito de seu espírito. Ajuda-o e orienta-o como um diretor, amigo e guia invisível, que nunca deixa de inspirá-lo quando você mais necessita de inspiração. Preserva sua criação numa forma condensada e cristalizada.

Também notará que a forte e colorida vida interior que você invocou em seu íntimo por meio do GP lhe propicia maior expressividade, por mais econômica e discreta que seja sua atuação. (Penso não ser sequer necessário mencionar que o próprio GP nunca deve ser mostrado ao público, assim como não se espera que um arquiteto mostre ao público os andaimes de seu edifício, em vez da obra-prima concluída. Um GP é a armação de seu papel e deve permanecer como um "segredo" técnico.)

Se você se exercitar em grupo, faça improvisações curtas, usando diferentes GPs para cada um dos participantes.

Além dos exercícios iniciados com o Desenho 7, recomenda-se o seguinte:

Escolha uma frase curta e diga-a, adotando diferentes posições naturais ou fazendo distintos movimentos cotidianos (não-GPs). Podem consistir em sentar-se, deitar-se, pôr-se de pé, caminhar pela sala, encostar-se a uma parede, olhar por uma janela, abrir ou fechar uma porta, entrar ou sair de uma sala, apanhar um objeto e voltar a colocá-lo onde estava, e assim por diante. Cada movimento ou posição corporal, invocando um certo estado psicológico, sugerir-lhe-á *como* dizer sua frase, com que intensidade, com que qualidade e em que ritmo. Mude suas posições e movimentos mas diga a mesma frase de cada vez. Isso aumentará em você o senso de harmonia entre corpo, psicologia e fala.

Agora, tendo desenvolvido suficiente sensibilidade, tente criar uma série de GPs para diferentes personagens, observando todas as condições previamente descritas: arquétipo, vigor, simplicidade, etc. No começo, escolha personagens de peças teatrais, da literatura e da história; depois, descubra GPs para pessoas vivas que conheça bem; em seguida, para pessoas que encontrou acidental e brevemente nas ruas. Finalmente, crie algumas personagens em sua imaginação e encontre GPs para elas.

Como passo seguinte desse exercício, escolha uma personagem de uma peça que você nunca viu ou na qual nunca atuou. Encontre e desenvolva um GP para ela. Absorva-a completamente e então procure ensaiar uma cena muito curta da peça com base nesse GP. (Se possível, faça-o com parceiros.)

Cabe dizer aqui algumas palavras finais a respeito do ritmo.

Nossa concepção usual de ritmo no palco não faz nenhuma distinção entre as variedades *interior* e *exterior*. O ritmo interior pode ser definido como uma rápida ou lenta mudança de pensamentos, imagens, sentimentos, impulsos volitivos, etc. O ritmo exterior expressa-se em ações e falas rápidas ou lentas. Ritmos interiores e exteriores contrastantes podem apresentar-se simultaneamente no palco. Por exemplo, uma pessoa pode esperar algo ou alguém impacientemente; as imagens em sua mente desenrolam-se em rápida sucessão, pensamentos e desejos acendem-se-lhe no espírito, perseguindo-se uns aos outros, expulsando-se mutuamente, aparecendo e desaparecendo; sua vontade é excitada ao máximo; e, no entanto, ao mesmo tempo, a pessoa pode controlar-se de modo que seu comportamento exterior, seus movimentos e sua fala permaneçam calmos e em ritmo lento. Um ritmo exterior lento pode desenvolver-se concorrentemente com um ritmo interior rápido e vice-versa. O efeito de dois ritmos contrastantes desenvolvendo-se simultaneamente no palco produz inevitavelmente uma forte impressão no público.

Não se deve confundir ritmo lento com *passividade* ou falta de energia no próprio ator. Seja qual for o ritmo lento que você use no palco, seu eu como artista deve ser sempre *ativo*. Por outro lado, o ritmo rápido de sua *performance* não deve converter-se em *pressa* óbvia nem numa desnecessária tensão psicológica e física. Um corpo flexível, bem treinado e obediente e uma boa técnica declamatória ajudam o ator a evitar esse erro e possibilitam a correção e o uso simultâneo de dois ritmos contrastantes.

Exercício 17

Faça uma série de improvisações com ritmos *interior* e *exterior* contrastantes.

Por exemplo: um grande hotel à noite. Moços, com movimentos rápidos, eficientes, habituais, retiram bagagens dos elevadores, separam-nas e carregam-nas até os automóveis que as aguardam e devem apressar-se para pegar o trem noturno. O ritmo *exterior* dos moços é rápido, mas eles são indiferentes à excitação dos hóspedes que estão liquidando suas contas para sair. O ritmo *interior* dos moços é lento. Os hóspedes que saem, pelo contrário, tentando conservar uma calma exterior, estão intimamente excitados, receando perder o trem; seu ritmo *exterior* é lento, mas o *interior* é rápido.

Para mais exercícios sobre ritmos interiores e exteriores, podem ser usados os exemplo contidos no Capítulo 12.

Leia peças teatrais com o propósito de tentar identificar diferentes ritmos em distintas combinações.

Resumo sobre o Gesto Psicológico:

1. O GP estimula nossa força de vontade, dá-lhe uma direção definida, desperta sentimentos e oferece-nos uma versão condensada da personagem.

2. O GP deve ser arquetípico, forte, simples e bem formado; deve irradiar e ser desempenhado no ritmo correto.

3. Desenvolva a sensibilidade ao GP.

4. Saiba distinguir entre ritmos interiores e exteriores.

Capítulo 6
Personagem e caracterização

> *Transformação* – eis aquilo por que
> anseia a natureza do ator, consciente ou
> subconscientemente.

Consideremos agora o problema da criação da Personagem.

Não existem papéis que possam ser considerados os chamados papéis "convencionais" ou papéis em que o ator mostre sempre ao público o mesmo "tipo" – ele próprio, tal como é na vida privada. Há muitas razões para as lamentáveis concepções errôneas sobre a "verdadeira arte dramática", mas não temos por que insistir nelas aqui. É suficiente sublinhar o trágico fato de que o teatro, como tal, nunca crescerá nem se desenvolverá se se consentir que prospere essa destrutiva atitude de "sou eu mesmo" – já profundamente enraizada. Toda e qualquer arte serve ao propósito de descobrir e revelar novos horizontes de vida e novas facetas nos seres humanos. Um ator não pode dar a seu público novas revelações se apenas se mostrar invariavelmente ele mesmo no palco. Como avaliar um autor teatral que em todas as suas peças se dramatiza a si mesmo, persistentemente, como o protagonista, ou um pintor que só é capaz de criar auto-retratos?

Assim como nunca encontraremos duas pessoas precisamente iguais na vida, também nunca encontraremos dois papéis idênticos em peças teatrais. Aquilo que constitui suas *diferenças* faz deles *personagens*. E será um bom ponto de partida para um ator, a fim de apreender a idéia inicial acerca da personagem que irá interpretar no palco, perguntar a si mesmo: "Qual é a *diferença* – por mais sutil ou ligeira que possa ser – entre mim e a personagem tal como foi descrita pelo autor?"

Assim fazendo, o ator não só perderá o desejo de pintar seu "auto-retrato" repetidamente como também descobrirá as principais características psicológicas de sua personagem.

Depois o ator defronta-se com a necessidade de incorporar essas características que estabelecem a diferença entre si mesmo e a personagem. Como abordar essa tarefa?

A abordagem mais curta, mais artística (e divertida) consiste em *encontrar um corpo imaginário para sua personagem*. Imagine, como caso ilustrativo, que você tem de interpretar o papel de uma pessoa cujo caráter é definido como indolente e desastrado (tanto psicológica quanto fisicamente). Essas qualidades não devem ser necessariamente pronunciadas ou enfaticamente expressas, como talvez na comédia. Poderão mostrar-se como meras indicações quase imperceptíveis. E, no entanto, existem traços típicos de caráter que não devem ser menosprezados.

Assim que delinear essas características e qualidades de seu papel – ou seja, compará-las com as suas próprias –, tente imaginar *que espécie de corpo* essa pessoa preguiçosa e inapta teria. Talvez você ache que ela poderia ter um corpo rechonchudo e atarracado, com ombros descaídos, pescoço grosso, longos braços pendentes e uma cabeça grande e maciça. Esse corpo, é claro, está muito distante do seu próprio. Entretanto, você deve parecer-se com ele e proceder como ele procede. Como tratará de efetuar uma verdadeira semelhança? Assim:

Você imaginará que no mesmo espaço que ocupa com seu próprio corpo real existe um outro corpo – o corpo imaginário de sua personagem, que você acabou de criar em sua mente.

Vista-se, por assim dizer, com esse corpo; ponha-o como se fosse um traje. Qual será o resultado dessa "mascarada"? Pouco depois (ou talvez num abrir e fechar de olhos!), você começará a sentir-se e a pensar-se como uma *outra pessoa*. Essa experiência é muito semelhante à de uma verdadeira mascarada. Você já notou, na vida cotidiana, como se sente diferente com roupas diferentes? Não é uma outra pessoa quando veste um roupão ou um *smoking*, ou quando está dentro de um terno velho e puído ou de um novinho em folha? Mas "vestir o corpo de outrem" é mais do que vestir qualquer traje ou costume. Essa adoção da forma física imaginária da personagem influencia dez vezes mais fortemente a psicologia do ator do que qualquer roupa!

O corpo imaginário situa-se, por assim dizer, entre o corpo real e a psicologia do ator, influenciando a ambos com igual força. Passo a passo, começa a movimentar-se, a falar e a sentir de acordo com ele, quer dizer, sua personagem vive agora dentro de você (ou, se prefere, você habita dentro dela).

O vigor com que você expressa as qualidades de seu corpo imaginário enquanto atua dependerá do tipo de peça e de seu próprio gosto e desejo. Mas, em qualquer caso, *todo o seu ser, psicológica e fisicamente*, será mudado – eu não hesitaria até em dizer *possuído* – pela personagem. Quando realmente assumido e exercitado, o corpo imaginário estimula a vontade e os sentimentos do ator; harmoniza-os com a fala e os movimentos característicos, transforma o ator numa outra pessoa! Discutir meramente a personagem e analisá-la mentalmente não pode produzir esse desejado efeito, porque a mente racional, por muito ágil que seja, é suscetível de deixar o ator frio e passivo, ao passo que o corpo imaginário tem o poder de recorrer diretamente a sua vontade e a seus sentimentos.

Considere a criação e a adoção de uma personagem como espécie de jogo simples e rápido. "Jogue" com o corpo imaginário, mudando-o e aperfeiçoando-o até estar completamente satisfeito com sua realização. Você nunca deixará de ganhar nesse jogo, a menos que sua impaciência apresse o resultado; sua natureza artística não pode deixar de ser empolgada por ele se não o forçar "interpretando" prematuramente seu corpo imaginário. Aprenda a confiar nele com total confiança e não será traído.

Não se exceda exteriormente, enfatizando, insistindo e exagerando aquelas inspirações sutis que lhe chegam de seu "novo corpo". E só quando começar a sentir-se absolutamente livre, verdadeiro e natural em seu uso é que deverá começar a ensaiar a personagem com falas e situações, seja em casa, seja no palco.

Em alguns casos, achará suficiente usar apenas uma parte de seu corpo imaginário: braços longos e pendentes, por exemplo, poderão subitamente mudar toda a sua psicologia e dar a seu próprio corpo a necessária estatura. Mas cuide sempre que todo o seu ser se transforme na personagem que deve retratar.

O efeito do corpo imaginário será fortalecido e adquirirá muitos matizes inesperados se lhe for adicionado o centro imaginário (ver Capítulo 1).

Enquanto o centro permanece no meio de seu peito (faça de conta que está algumas polegadas para dentro), você sentirá que ainda é você mesmo e está no absoluto controle da situação, só que mais enérgica e harmoniosamente, com seu corpo aproximando-se de um tipo "ideal". Mas, assim que tenta mudar o centro para algum outro lugar dentro ou fora de seu corpo, sentirá que toda a sua atitude psicológica e física muda, tal como muda quando você entra num corpo imaginário. Notará que o centro é capaz de atrair e concentrar todo o seu ser num lugar donde sua atividade emana e irradia. Se você, para ilustrar esse ponto, resolvesse mudar o centro de seu peito para a cabeça, perceberia que o elemento intelectual começou desempenhando um papel característico em sua *performance*. De seu lugar na cabeça, o centro imaginário coordenará súbita ou gradualmente todos os seus movimentos, influenciará toda a sua atitude corporal, motivará comportamento, ação e fala e sintonizará sua psicologia de tal modo que você terá naturalmente a sensação de que o elemento intelectual é adequado e importante para seu desempenho.

Mas, onde quer que você escolha colocar o centro, ele produzirá um efeito inteiramente diferente assim que sua *qualidade* for mudada. Não é suficiente colocá-lo na cabeça, por exemplo, e deixá-lo aí para que faça seu próprio trabalho. Você deverá estimulá-lo ainda mais, investindo-o com várias qualidades desejadas. Para um homem sábio, digamos, você deve imaginar o centro em sua cabeça como grande, brilhante e irradiante, ao passo que, para um tipo estúpido, fanático ou intolerante de pessoa, você deve imaginar um centro pequeno, tenso e duro. Você deve estar livre de todas as restrições ao imaginar o centro de muitas e diferentes maneiras, desde que as variações sejam compatíveis com o papel que está desempenhando.

Tente alguns experimentos durante um certo tempo. Coloque um centro macio, caloroso, não pequeno demais, na região de seu abdome e poderá sentir uma psicologia que é enfatuada, presunçosa, um tanto grosseira e até jocosa. Coloque um centro minúsculo e duro na ponta do nariz e tornar-se-á curioso, indagador, bisbilhoteiro e até intrometido. Mude o centro para um de seus olhos e notará com que rapidez terá a impressão de que se tornou astuto, ardiloso e até hipócrita. Imagine um centro grande, pesado, apático e desleixado colocado fora dos fundilhos de suas calças e terá uma personagem risível, covarde e não muito honesta. Um centro localizado alguns centímetros adiante de seus olhos ou de sua testa pode invocar a sensação de uma mente penetrante e até sagaz. Um centro caloroso, veemente e mesmo fogoso situado dentro de seu coração pode despertar em você sentimentos heróicos, apaixonados e corajosos.

Você pode também imaginar um centro móvel. Deixe-o oscilar lentamente diante de sua testa e gravitar em torno de sua cabeça de tempos em tempos e perceberá a psicologia de uma pessoa perplexa, confusa; ou deixe-o circular irregularmente em redor de todo o seu corpo, em ritmos variáveis, ora subindo, ora mergulhando, e o efeito será, sem dúvida, o de embriaguez.

Inúmeras possibilidades se lhe abrirão se realizar experiências desse modo, dentro de um espírito livre e lúdico. Em breve se habituará ao "jogo" e o apreciará tanto pelo divertimento quanto por seu grande valor prático.

O centro imaginário serve principalmente para a personagem como um todo. Mas pode ser usado para diferentes cenas e movimentos separados. Suponhamos que você está trabalhando o papel de D. Quixote. Vê seu corpo velho, esquálido, delicado; vê sua mente nobre, entusiástica, mas excêntrica e confusa, e você pode decidir colocar um pequeno mas poderoso centro, irradiante e em permanente rodopio, bem acima de sua cabeça. Isso pode servir-lhe para a personagem de D. Quixote como um todo. Mas agora chega a cena em que ele está combatendo seus inimigos e bruxas imaginários. O Cavaleiro avança aos trancos e barrancos e salta no vazio com a velocidade de um relâmpago. Seu centro, agora escuro e rijo, despenca das alturas para seu peito, sufocando-lhe a respiração. Como uma bola presa na ponta de uma longa tira de borracha, o centro projeta-se para diante e ricocheteia, arremessando-se para a direita e para a esquerda em busca tresloucada de inimigos. Uma e outra vez, o Cavaleiro persegue a "bola" em todas as direções, até que o combate termina. Exausto o Cavaleiro, o centro afunda lentamente no solo e depois, com igual lentidão, ergue-se de novo para seu lugar original, irradiando e rodopiando incansavelmente como antes.

A bem da clareza, demos alguns exemplos óbvios e talvez grotescos. Mas o uso do centro imaginário na maioria dos casos (especialmente em peças modernas) requer uma aplicação muito mais sutil. Por mais forte que possa ser a sensação que o centro produz no ator, a extensão em que ele deseja exibir essa sensação enquanto atua dependerá sempre de seu julgamento.

Mas o corpo imaginário e o centro, quer sejam usados em combinação, quer apenas um de cada vez, ajudarão a criar a personagem.

Tentemos agora distinguir entre a personagem como um todo e a *caracterização*, que pode ser definida como uma *característica pequena e peculiar* da personagem. Uma caracterização ou característica peculiar pode ser qualquer coisa inata na personagem: um movimento típico, um modo especial de falar, um hábito recorrente, uma certa maneira de rir, caminhar ou vestir um terno, uma forma insólita de segurar as mãos, uma inclinação singular da cabeça, e assim por diante. Essas pequenas peculiaridades são uma espécie de "retoques finais" que um artista aplica a sua criação. Toda personagem parece ganhar mais vida, ser mais humana e verdadeira, assim que é dotada dessas pequenas características peculiares. O espectador começa gostando e esperando por isso, logo que sua atenção é atraída para esses traços. Mas tal caracterização deve ser um fruto da personagem como um todo, derivada da importante parte de sua composição psicológica.

Vejamos alguns exemplos. Uma pessoa ociosa e tagarela, incapaz de realizar qualquer trabalho, poderia ter uma caracterização que se expressa nos braços colados ao corpo, os cotovelos em ângulo reto, as mãos pendendo inertes. Uma personagem distraída, enquanto mantém conversa com uma outra pessoa, pode mostrar uma maneira característica de piscar rapidamente os olhos, ao mesmo tempo que dirige um gesto de dedo espetado a seu interlocutor e faz uma pausa, com a boca ligeiramente entreaberta, antes de coligir seus pensamentos e pô-los em palavras. Uma personagem obstinada, um ranzinza, sempre disposto ao bate-boca, enquanto escuta outras pessoas pode ter o hábito inconsciente de abanar levemente a cabeça como se estivesse preparando sua resposta negativa. Uma pessoa tímida ficará remexendo a roupa, torcendo botões e alisando pregas. Um homem covarde pode manter os dedos apertados, tentando esconder os polegares. Uma personagem pedante pode inconscientemente tocar as coisas a sua volta, arrumando-as mais ou menos simetricamente; um misantropo, de modo igualmente inconsciente, talvez afaste de perto de si coisas que estavam a seu alcance. Uma pessoa não muito sincera ou hipócrita poderá adquirir o hábito de lançar rápidos olhares para o teto enquanto fala ou escuta. E assim por diante.

Por vezes, só a caracterização é suficiente para, de súbito, pôr a nu a personagem inteira.

Enquanto cria uma personagem e uma caracterização para ela, o ator pode encontrar grande ajuda e talvez muitas sugestões inspiradoras observando as pessoas a sua volta. Mas, a fim de evitar uma mera cópia da vida, eu não recomendaria tais observações antes de ter feito primeiro bom uso de sua própria imaginação criativa. Além disso, a capacidade de observação torna-se mais penetrante quando se sabe exatamente *o que* se está procurando.

Não há necessidade de descrever aqui, em linhas gerais, quaisquer exercícios especiais. Você poderá criá-los por si mesmo, "jogando" com corpos imaginários e centros móveis e transferíveis e inventando-lhes caracterizações adequadas. Será proveitoso se, além desse "jogo", você procurar observar e descobrir *onde* e *que espécie* de centro esta ou aquela pessoa possui na vida real.

Capítulo 7
Individualidade criativa

> Para criar por inspiração devemos adquirir consciência de nossa própria individualidade.

Aqui faz-se necessária uma explicação para a expressão "a individualidade criativa de um artista" tal como é usada neste livro. Uma familiarização, mesmo breve, com algumas de suas qualidades pode ser útil ao ator que busca métodos para a livre expansão de suas forças interiores.

Se, por exemplo, solicitássemos a dois artistas igualmente talentosos que pintassem a mesma paisagem com a máxima exatidão, o resultado seria dois quadros acentuadamente diferentes. A razão é obvia: cada um pintará inevitavelmente sua impressão individual dessa paisagem. Um deles poderá preferir transmitir a atmosfera da paisagem, sua beleza de linhas ou sua forma; o outro acentuaria provavelmente os contrastes, o jogo de luzes e sombras ou algum outro aspecto peculiar relativo a seu gosto e modo de expressão pessoal. A questão é que a mesma paisagem servirá invariavelmente como o veículo para que ambos exibam suas respectivas *individualidades criativas*, e o modo como diferem a esse respeito será evidenciado em suas telas.

Rudolf Steiner define a individualidade criativa de Schiller como caracterizada pela tendência moral do poeta: o Bem combate o Mal. Maeterlinck procura sutis nuanças místicas por trás de eventos exteriores. Goethe vê arquétipos unificando a multidão de fenômenos. Stanislavski afirma que em *Os Irmãos Karamázov* Dostoiévski expressa sua busca de Deus, o que, diga-se de passagem, é verdadeiro em relação a todos os seus principais romances. A individualidade de Tolstói é manifesta na tendência para a autoperfeição, e Tchekhov alterca com a trivialidade da vida burguesa. Em suma, a individualidade criativa de todo artista sempre se expressa numa idéia dominante, a qual, como um *Leitmotiv*, impregna todas as suas criações. O mesmo deve ser dito da individualidade criativa do artista-ator.

Tem sido reiterado que Shakespeare criou unicamente um Hamlet. Mas quem dirá com igual certeza que espécie de Hamlet existiu na imaginação de Shakespeare? Na verdade existem, devem existir, tantos Hamlets quantos atores talentosos e inspirados que se incumbam de expressar suas concepções da personagem. A individualidade criativa de cada um determinará invariavelmente seu próprio e único Hamlet. Pois o ator que deseja ser um artista no palco deve, com modéstia mas com audácia, lutar por uma interpretação individualista de seus papéis. Mas como é que ele vivencia essa individualidade criativa em momentos de inspiração?

Na vida cotidiana, identificamo-nos como "eu"; somos os protagonistas de "eu desejo, eu sinto, eu penso". Associamos esse "eu" a nosso corpo, hábitos, modo de vida, família, posição social e a tudo o mais que a existência normal compreende. Mas, em momentos de inspiração, o *eu* de um artista sofre uma espécie de metamorfose. Tente recordar-se de si mesmo em tais momentos. O que aconteceu a seu "eu" cotidiano? Não se retirou, dando lugar a um outro *eu*, e você não o vivenciou como o verdadeiro artista que existe em você?

Se alguma vez conheceu tais momentos, recordará que, com a aparição desse novo *eu*, você sente, primeiro que tudo, um influxo de poder nunca experimentado em sua vida rotineira. Esse poder impregnou todo o seu ser, irradiou de você para seu meio circundante, enchendo o palco e fluindo sobre as luzes da ribalta para o público. Uniu você aos espectadores e transmitiu-lhes todas as suas intenções criativas, pensamentos, imagens e sentimentos. Graças a esse poder, o ator está apto a sentir em alto grau aquilo a que chamamos antes sua presença real no palco.

Sob a influência desse *alter ego*, o *outro eu*, têm lugar em sua consciência mudanças consideráveis que o ator não pode impedir-se de vivenciar. É um *eu* de nível superior; enriquece e expande a consciência. O ator começa por distinguir *três diferentes seres*, por assim dizer, dentro de si mesmo. Cada um deles tem caráter definido, cumpre uma tarefa especial e é comparativamente independente. Façamos uma pausa e examinemos esses seres e suas funções particulares.

Ao mesmo tempo que incorpora sua personagem no palco, o ator usa suas próprias emoções, sua voz e seu corpo móvel. Esses são os elementos que constituem o "material de construção" a partir do qual o eu superior, o verdadeiro artista que existe no ator, cria uma personagem para o palco. O eu superior toma simplesmente posse desse material de construção. Logo que isso acontece, o ator começa sentindo-se como que separado, ou melhor, acima do material e, por conseguinte, acima de seu cotidiano. Isso ocorre porque ele se identifica agora com esse *eu* superior, criativo, que se tornou ativo. Está agora consciente de que, simultaneamente, lado a lado, existem nele o eu expandido e o "eu" usual, cotidiano. Enquanto está criando, o ator é dois "eus" e está apto a distinguir claramente entre as diferentes funções que eles preenchem.

Uma vez em plena posse desse material de construção, o eu superior começa a moldá-lo a partir de dentro; movimenta o corpo do ator, tornando-o flexível, sensível e receptivo a todos os impulsos criativos; fala com sua voz, instiga-lhe a imaginação e aumenta sua atividade interior. Além disso, propicia-lhe sentimentos genuínos, torna-o original e inventivo, desperta e mantém sua capacidade para improvisar. Em resumo, coloca o ator num estado *criativo*. Você começa atuando sob a inspiração desse estado. Tudo o que faz no palco surpreende não só a você mas a seu público também; tudo parece inteiramente novo e inesperado. Sua impressão é de que tudo está acontecendo espontaneamente e de que você nada faz senão servir como veículo de expressão dessa criatividade.

E, no entanto, embora seu eu superior seja suficientemente forte para comandar todo o processo criativo, ele não deixa de ter seu calcanhar de Aquiles: é propenso a romper as fronteiras, a transpor os necessários limites fixados durante os ensaios. Está ansioso por expressar-se e por expressar sua idéia dominante; é excessivamente livre, poderoso e engenhoso e, portanto, está demasiado próximo do precipício do caos. O poder de inspiração é sempre mais intenso do que o meio de expressão, disse Dostoiévski. Necessita de restrições.

Essa é a tarefa da consciência cotidiana do ator. O que faz ela durante esses momentos inspirados? Controla a tela na qual a individualidade criativa traça seus desenhos. Cumpre a missão de um regulador do senso comum para seu eu superior, a fim de que o trabalho seja executado corretamente, a *mise-en-scène* estabelecida se mantenha inalterada e a comunicação com o resto do elenco no palco não se rompa. Inclusive o padrão psicológico para a personagem como um todo, tal como foi descoberto durante os ensaios, deve ser fielmente obedecido. Ao senso comum do eu cotidiano compete a proteção das formas que foram descobertas e fixadas para a *performance*. Assim, pela cooperação entre a consciência inferior e a superior é que se viabiliza a *performance*.

Mas onde está essa *terceira* consciência previamente referida e a quem ela pertence? O portador da terceira consciência é a Personagem, tal como foi criada pelo próprio ator. Embora seja um ser ilusório, ela também possui sua própria vida independente e seu próprio "eu". É amorosamente esculpida, durante a *performance*, pela individualidade criativa do ator.

Nas páginas precedentes, as palavras "genuíno", "artístico" e "verdadeiro" foram usadas com freqüência para descrever os sentimentos de um ator no palco. Uma análise mais minuciosa, entretanto, revelará que os sentimentos humanos se enquadram em duas categorias: os que são conhecidos por todos e os que são conhecidos somente por artistas em momentos de inspiração criativa. O ator deve aprender a reconhecer as importantes distinções entre eles.

Os sentimentos usuais, cotidianos, são adulterados, impregnados de egoísmo, restringidos a necessidades pessoais, inibidos, insignificantes e, com freqüência, até inestéticos e desfigurados por inverdades. Não devem ser usados em arte. A individualidade criativa rejeita-os. Ela tem a sua disposição uma outra espécie de sentimentos – os completamente impessoais, purificados, libertos do egoísmo e, portanto, estéticos, significativos e artisticamente verdadeiros. São os sentimentos que o eu superior outorga ao ator como inspiradores de sua atuação.

Tudo o que experimentamos e vivenciamos no decorrer da vida, tudo o que observamos e pensamos, tudo o que nos faz felizes ou infelizes, todas as nossas mágoas e satisfações, tudo o que buscamos ou evitamos, todas as nossas realizações e fracassos, tudo o que trouxemos conosco para a vida ao nascer – temperamento, aptidões, inclinações, sejam elas irrealizadas, subdesenvolvidas ou superdesenvolvidas –, tudo é parte de nossa região profunda a que se dá o nome de subconsciente. Aí, esquecidos ou jamais conhecidos por nós, passam pelo processo de purificação de todo egoísmo. Convertem-se em sentimentos *per se*. Assim, depurados e transformados, tornam-se parte do material a partir do qual a individualidade do ator cria a psicologia, a "alma" ilusória da personagem.

Mas quem purifica e transforma essa vasta riqueza de nossa psicologia? O mesmo eu superior, a individualidade que faz de alguns de nós artistas. Portanto, é evidente que essa individualidade não deixa de existir entre momentos criativos, se bem que só adquirimos consciência dela quando somos criativos. Pelo contrário, tem uma vida contínua que lhe é própria, ignorada de nossa consciência cotidiana; gera suas próprias espécies superiores de experiências, aquelas que prodigamente nos oferece como inspiração para nossa atividade criativa. Dificilmente se concebe que Shakespeare, cuja vida cotidiana, até onde podemos saber, era tão insignificante, e Goethe, cujas condições de vida eram tão plácidas e acomodadas, extraíssem todas as suas idéias criativas somente de experiências pessoais. Com efeito, as vidas exteriores de muitas figuras literárias de menor expressão produziram biografias muito mais ricas do que as dos mestres e, no entanto, suas obras não suportam comparação com as de Shakespeare ou Goethe. É o grau de atividade interior do eu superior, produzindo esses sentimentos purificados, que constitui a determinante final da qualidade nas criações de todos os artistas.

Além disso, todos os sentimentos derivados pela personagem a partir de nossa individualidade não só são purificados e impessoais como têm dois outros atributos. Por mais profundos e persuasivos que sejam, esses sentimentos ainda são tão "irreais" quanto a "alma" da própria personagem. Chegam e desaparecem com a inspiração. Caso contrário, tornar-se-iam nossos para sempre, indelevelmente impressos em nós depois de terminada a *performance*. Penetrariam em nossa vida cotidiana, seriam envenenados pelo egoísmo e converter-se-iam em parte inseparável de nossa existência inartística, não-criativa. O ator deixaria de ser capaz de traçar uma linha divisória entre a vida ilusória de sua personagem e sua própria vida. Não demoraria muito a enlouquecer. Se os sentimentos criativos não fossem "irreais", o ator não seria capaz de sentir satisfação no desempenho do papel de vilão ou de outras personagens indesejáveis.

Nesse ponto, é possível perceber o equívoco, tão perigoso quanto inartístico, cometido por alguns atores conscienciosos quando tentam aplicar seus sentimentos reais, cotidianos, no palco, extraindo-os de si mesmos. Mais cedo ou mais tarde, tais tentativas redundam em fenômenos mórbidos, histéricos; em especial, conflitos emocionais e colapsos nervosos para o ator. Os sentimentos reais excluem a inspiração, e vice-versa.

O outro atributo dos sentimentos criativos é serem eles compassivos. O eu superior do ator dota a personagem com sentimentos criativos; e como é capaz, ao mesmo tempo, de observar sua criação, sente compaixão por suas personagens e por seus destinos. Assim, o verdadeiro artista existente no ator é capaz de sofrer por Hamlet, chorar com Julieta, rir das travessuras engendradas por Falstaff.

A compaixão pode ser considerada o fundamento de toda boa arte, porque só ela pode dizer-nos o que outros seres sentem e vivenciam. Só a compaixão corta os laços de nossas limitações pessoais e nos dá profundo acesso à vida da personagem que estudamos, sem o que não podemos prepará-la adequadamente para o palco.

Resumindo rapidamente o que foi dito, o verdadeiro estado criativo de um ator-artista é governado por um triplo funcionamento de sua consciência: o eu superior inspira sua atuação e concede-lhe sentimentos genuinamente criativos; o eu inferior serve como uma força restritiva gerada pelo senso comum; a "alma" ilusória da personagem torna-se o ponto focal dos impulsos criativos do eu superior.

Existe ainda uma outra função da individualidade despertada do ator, da qual devemos tratar aqui: é a ubiqüidade.

Estando comparativamente livre do eu inferior e da existência ilusória da personagem, e possuindo uma consciência imensamente ampliada, a individualidade parece ser capaz de abranger ambos os lados das luzes da ribalta. Em outras palavras, é não só criadora da personagem mas também sua espectadora. Do outro lado da ribalta, acompanha as experiências dos espectadores, compartilha de seu entusiasmo, de sua excitação e de seus desapontamentos. Mais do que isso, tem a capacidade de prever a reação do público um instante antes que ela ocorra. Sabe o que satisfará o espectador, o que o inflamará e o que o deixará frio. Assim, para o ator com uma consciência viva de seu *eu* superior, o público é um vínculo estimulante que o liga como artista aos desejos de seus contemporâneos.

Por meio dessa aptidão da individualidade criativa, o ator aprende a distinguir entre as necessidades reais da sociedade de seu tempo e o mau gosto da turba. Escutando a "voz" que lhe fala da platéia durante a *performance*, o ator começa lentamente a relacionar-se com o mundo e seus irmãos. Adquire um novo "órgão" que o liga à vida fora do teatro e desperta suas responsabilidades contemporâneas. Começa ampliando seu interesse profissional para além do proscênio e fazendo perguntas: "O que é que meu público está sentindo hoje, qual é seu estado de espírito? Por que é esta peça necessária em nosso tempo, como é que esta mistura de pessoas se beneficiará dela? Que pensamentos esta peça e esta espécie de retrato despertarão em meus contemporâneos? Este gênero de peça e este tipo de *performance* tornarão os espectadores mais sensíveis e receptivos aos eventos de nossa vida? Suscitarão neles quaisquer sentimentos morais ou lhes proporcionarão tão-somente prazer? Será que a peça ou o desempenho despertam os instintos mais torpes do público? Se o desempenho tem humor, que espécie de humor evoca?" As perguntas estão sempre presentes, mas só a Individualidade Criativa habilita o ator a respondê-las.

Para testar isso, basta ao ator fazer a seguinte experiência: imaginar o teatro cheio de um tipo específico de público, constituído apenas de cientistas, professores, estudantes, crianças, agricultores, médicos, políticos, diplomatas ou até atores. Depois, fazendo a si mesmo as perguntas precedentes ou outras semelhantes, deve tentar captar intuitivamente qual poderá ser a reação de cada público.

Tal experiência desenvolverá gradualmente no ator uma nova espécie de percepção do público, através da qual se tornará receptivo ao significado do teatro na sociedade de hoje e será capaz de lhe responder consciente e corretamente.

De fato, o ator faria bem em realizar experiências com todos os pensamentos expressos neste capítulo, considerando-os até estar certo de que os apreendeu e de que os têm sob seu domínio. Assim fazendo, compreenderá por que este ou aquele exercício foi sugerido como significativo para o desenvolvimento da abordagem profissional. Os princípios enunciados neste livro ficarão finalmente claros e tornar-se-ão um todo bem integrado, em que cada passo está planejado para atrair a individualidade do ator e integrá-la em seu trabalho, a fim de fazer dele um artista sempre inspirado e de sua profissão um importante instrumento de utilidade humana. Adequadamente entendido e aplicado, o método torna-se a tal ponto uma parte integrante do ator que, no devido tempo, ele estará apto a fazer livre uso dele, à vontade, e até a modificá-lo aqui e ali, de acordo com seus próprios desejos e necessidades.

Capítulo 8
Composição do desempenho

> A coisa isolada torna-se incompreensível.
> *Rudolf Steiner*

> Cada arte esforça-se constantemente
> para assemelhar-se à música.
> *W. Paret*

Os mesmos princípios fundamentais que regem o universo e a vida da terra e do homem, e os princípios que conferem harmonia e ritmo à música, à poesia e à arquitetura, englobam também as Leis de Composição, as quais, em maior ou menor grau, podem ser aplicadas a todo e qualquer desempenho dramático. Alguns dos princípios mais pertinentes ao ofício do ator foram selecionados para serem aqui apresentados.

O trágico *Rei Lear* de Shakespeare foi escolhido para demonstrar todas as leis de que nos ocuparemos, principalmente porque está repleto de oportunidades para ilustrar sua aplicação prática. E, sem fugir ao assunto, talvez venha a propósito expressar uma advertência puramente pessoal, a de que, para o teatro moderno, todas as peças de Shakespeare deveriam ser encurtadas e terem até cenas transpostas a fim de que se lhes desse o ritmo apropriado e de que se lhes aumentasse a força impulsora. Mas, para nossos propósitos, não se faz necessária aqui uma descrição detalhada de tais alterações.

Este capítulo também se esforçará por aproximar mais as diferentes psicologias do ator e do diretor, pois um bom ator deve adquirir a visão ampla e abrangente que o diretor possui do desempenho como um todo se quiser compor seu próprio papel em harmonia com ela.

À primeira lei de composição poderia dar-se o nome de *lei da triplicidade*. Em toda peça bem escrita trava-se uma batalha entre os poderes primordiais do Bem e do Mal, e é essa batalha que constitui o impulso vital da peça, sua força impulsora, que é básica para todas as estruturas de enredo. Mas a própria batalha reparte-se inevitavelmente em três seções: o enredo nasce, desenvolve-se e termina. Toda peça, por muito complicada e intricada que seja, obedece a esse processo e é, portanto, divisível nessas três seções.

Enquanto o reino de Lear ainda está intato e os poderes malignos são passivos, estamos claramente na primeira seção. A transição para a segunda seção é evidente com o início da atividade destrutiva, e ainda estamos dentro dela quando a destruição ocorre e amplia a tragédia para o seu auge. Somos levados para a terceira seção quando a conclusão se desenvolve e vemos os poderes malignos desaparecerem, após terem destruído todos e arruinado tudo a sua volta.

A lei da triplicidade está ligada a uma outra lei, a da *polaridade*. Em qualquer verdadeira peça de arte (em nosso caso, uma *performance* inspirada), o começo e o fim são, ou devem ser, polares em princípio. Todas as principais qualidades da primeira seção devem transformar-se em seus opostos na última seção. É óbvio, evidentemente, que o princípio e o final de uma peça não podem ser definidos meramente como a primeira e a última cenas; princípio e final englobam usualmente em si mesmos, cada um, uma série de cenas.

O processo que transforma o começo em sua polaridade no final tem lugar na seção intermédia, e é essa *transformação* que representa nossa terceira lei de composição.

O diretor e os atores podem ganhar muito com o conhecimento dessas leis intimamente relacionadas de *triplicidade, polaridade* e *transformação*. Obedecendo-lhes, seus desempenhos adquirirão mais do que beleza e harmonia estéticas.

Só a polaridade, por exemplo, salvará o desempenho da monotonia e lhe dará maior expressividade, como sempre acontece com os contrastes; também aprofundará o significado de ambos os extremos. Na arte como na vida, começamos a avaliar, compreender e vivenciar as coisas de um modo diferente se as vemos à luz de verdadeiros contrastes. Pense, por exemplo, em opostos como vida e morte, bem e mal, espírito e matéria, verdadeiro e falso, felicidade e infelicidade, saúde e doença, beleza e fealdade, luz e trevas; ou em fenômenos mais específicos, como curto e longo, alto e baixo, rápido e lento, *legato* e *staccato*, grande e pequeno, etc. A própria essência de um sem o outro poderia facilmente escapar-nos. O contraste entre o começo e o fim é, na verdade, a quintessência de uma *performance* bem composta.

Levemos esse exemplo um pouco mais longe. Imaginemos de novo a tragédia *Rei Lear* com a idéia de ver seu princípio e seu final como mutuamente polares. Deixemos de lado, por ora, a seção intermédia ou transformativa.

Vasto, brilhante e opulento, mas algo sombrio e lúgubre, envolto na opressiva atmosfera do despotismo, eis como se nos apresenta o lendário reino de Lear. Suas fronteiras parecem ilimitadas e, entretanto, está isolado e fechado, como uma gigantesca floresta. Está atraído para seu centro, e o centro é o próprio Lear. Cansado e sentindo-se tão velho quanto seu reino, Lear anseia por paz e tranqüilidade. Fala de morte. Tranqüilidade e imobilidade algemam todo o seu meio ambiente. O mal, oculto sob o disfarce de submissão e obediência, escapa a sua mente letárgica. Ele ainda não conhece a compaixão e não distingue entre o bem e o mal. Em sua grandeza mundana, não tem inimigos nem anseia por amigos. É cego e surdo para os valores humanos e espirituais. A terra deu-lhe todos os seus tesouros, forjou sua vontade férrea e ensinou-o a dominar. Ele é único, não tolera iguais, é o próprio reino.

Assim se nos apresenta o começo da tragédia. Mas qual é seu pólo oposto?

Todos sabemos o que acontece ao despótico mundo de Lear. Desmorona, desintegra-se, suas fronteiras são varridas. Em vez de "florestas umbrosas e com esplêndidas campinas, rios abundantes e de prados orlados", o reino torna-se uma estéril charneca de urzes, mísera e desolada. Rochas escalvadas e tendas substituem os suntuosos salões e aposentos do castelo. A tranqüilidade funérea do começo transforma-se agora em gritos de batalha e estrépito de aço. O mal que se escondia sob o disfarce de amor leal revela-se agora: Goneril, Regan, Edmund e Cornwall, vacilantes e bajuladores no início, mostram agora sua vontade obstinada, implacável. A vida terrena perde todo o seu significado para Lear. Dor, vergonha e desespero romperam as fronteiras de sua consciência; agora ele vê e ouve e está apto a distinguir entre o bem e o mal. Sua vontade rude e impiedosa emerge agora como um amor paternal e vibrante. Lear está *uma vez mais* no centro mas como um novo Lear e num mundo novo. É tão único quanto antes, mas agora também está desesperadamente só. O senhor absoluto converteu-se num cativo impotente e num pedinte andrajoso.

Tal é a composição entre o começo e o final. Um projeta luz sobre o outro, explicando-se e complementando-se ambos pelo poder de seus contrastes. O começo da *perform-*

ance ressurge como uma visão no espírito do espectador enquanto assiste ao final, e é a lei da polaridade que gera essa visão.

O meio pelo qual essa polaridade é invocada dependerá inteiramente, claro, do diretor e de seus colaboradores. Para o suntuoso mas sombrio começo, eles poderão escolher, por exemplo, uma atmosfera depressiva. A música que acompanha a representação, aqui e ali, aumentará o poder de tal atmosfera. Talvez optem por um cenário em formas arquitetônicas pesadas e maciças, em cores púrpura, azul-escuro e cinza. Usarão provavelmente costumes densos, de uma simplicidade severa, em harmonia com a arquitetura e as cores cênicas. Um palco tenuamente iluminado ajudará ainda mais a obter-se tal propósito. O diretor pode encenar o desempenho dos atores em ritmo moderado; com movimentos parcimoniosos, bem formados e uma marcação definida; com agrupamentos compactos, imponentes e invariáveis, lembrando grupos escultóricos, e com vozes um tanto abafadas. A tragédia (de acordo com a sugestão de Rudolf Steiner) pode ser representada num ritmo comparativamente lento, com pausas. Esses e outros meios de expressão semelhantes poderiam constituir uma boa preparação para criar o contraste com o final da *performance*.

Ainda trágicas, a atmosfera e a música de natureza exaltada podem agora predominar no final. Luzes mais brilhantes, cenário plano, que cria a sensação de muito espaço e vazio, cores amarela e laranja, costumes mais leves, ritmo mais rápido, sem pausas, movimentos mais livres e grupos com maior mobilidade, eis o que o diretor pode escolher para o final da representação a fim de torná-lo polar com o início.

Para fazer a composição ainda mais completa, o diretor e os atores devem procurar outros contrastes menores dentro da estrutura do maior.

Como exemplo, escolhemos as três falas de Lear na charneca:

"Soprai, ventos, e estourai vossas bochechas!" (Ato III, Cena 2)
"Pobres diabos nus, onde quer que estejais." (Ato III, Cena 4)
"Ah, melhor estarias em tua sepultura." (Ato III, Cena 4)

Diga todas essas três falas diversas vezes em sua imaginação e verá que, psicologicamente, elas se originam de diferentes fontes. A primeira, como uma tempestade, irrompe da *vontade* de Lear, quando ele se revolta contra os elementos da natureza; a segunda nasce dentro da esfera dos *sentimentos*, que antes eram tão pouco conhecidos dele; a terceira resulta de *pensamentos*, quando ele tenta penetrar na essência de um ser humano tal como o entende agora.

A primeira e a terceira falas estão em contraste mútuo, tal como a *vontade* e o *pensamento*. Entre elas, como elo de transição, situa-se a segunda fala, nascida dos sentimentos. Por diferentes meios de expressão, o diretor e o ator transmitem os contrastes ao espectador. Diferentes serão as encenações apresentadas pelo diretor. Diferentes movimentos e modos de declamar* serão apresentados pelo ator. Psicologicamente diferentes serão as atitudes que o ator despertará em si mesmo para cada uma dessas falas.

Contraste de uma espécie diferente será encontrado na justaposição das duas personagens principais da tragédia, Lear e Edmund. Desde o começo, Lear apresenta-se como alguém que possui todos os privilégios de um senhor terreno e despótico. Em contraste com ele vemos Edmund, ignorado por todos, despojado de todos os privilégios, o filho bastardo

---

* Em *Lauteurhythmy*, de Rudolf Steiner, encontrar-se-ão indicações sobre como usar a fala artística para expressar vontade, sentimentos ou pensamentos.

de Gloucester; inicia a vida sem nada, é um "joão-ninguém". Lear perde, Edmund ganha. No final da tragédia, Edmund está coberto de glória, poderoso, e possui o amor de Goneril e Regan. Torna-se "tudo", e Lear "nada". Suas situações inverteram-se, o gesto combinatório do contraste está concluído.

Mas o verdadeiro significado dessa polarização existe num nível superior. No final, a tragédia *toda* converte-se num contraste com seu começo; de seu nível terreno, mundano, aspira a um nível espiritual, os valores são reavaliados. "Tudo" e "nada" adquirem significados diferentes: em seu "nada" terreno, Lear, no final, torna-se "tudo" no sentido espiritual, enquanto Edmund, como o "tudo" terreno, converte-se num zero espiritual.

Uma vez mais, o diretor e os atores encontrarão facilmente o meio para expressar esse contraste. No início, Lear poderá usar uma forte qualidade modeladora em seus movimentos e fala (pesados, mas nobres e dignos), enquanto os gestos e a fala de Edmund podem adotar uma qualidade de desenvoltura e leveza (não uma qualidade espiritual e exaltada, em absoluto, mas antes com matizes furtivos, manhosos, que criem a impressão de modéstia e recato falsos). Quando se movimenta, Edmund anda roçando as paredes e as sombras, nunca ocupando lugares proeminentes no palco. No final, quando toda a tragédia se desloca para uma esfera superior, ambos os protagonistas podem trocar as qualidades, com Lear usando leveza e desembaraço com qualidades espirituais, nobres, engrandecedoras, e Edmund por sua vez remodelando suas qualidades para tornar-se impetuoso, rude, de maneiras grosseiras e voz áspera.

Quanto mais o diretor acentuar essa polaridade por tais meios, mais revelará uma parte da idéia principal da tragédia, e uma das mais profundas: *o valor das coisas muda à luz do espiritual ou nas trevas do material.*

Voltemos agora às três unidades principais da tragédia e examinemos a segunda, a qual serve de transição entre os dois pólos contrastantes.

Imaginemo-la como um *processo contínuo* de transformação; poderemos perceber cada momento dela simultaneamente, à luz do começo e do final. Perguntemo-nos apenas: em que medida e em que sentido este ou aquele momento particular da parte intermédia se afasta do começo e se aproxima do final? Quer dizer: em que sentido o começo *já* se transformou no final?

Em nosso exemplo do *Rei Lear*, na atmosfera imponente do começo, a ação que tem lugar inclui a divisão do reino, a falsa manifestação de amor pelas duas filhas, a corajosa verdade de Cordélia, o banimento de Kent, a destruição do reino ao jogar fora a coroa, etc. Começou a transformação! O mundo da peça, tão estável, aparentemente tão duradouro no começo, agora se fragmenta e se esvazia. Lear grita mas sua voz não é ouvida: "Creio que o mundo adormeceu." "Não tinhas nem um pouco de juízo em tua cabeça calva quanto te desfizeste de tua coroa de ouro", diz o Bobo. Graves suspeitas se insinuam na mente de Lear, e somente o Bobo se atreve a pô-las em palavras. "Há aqui alguém que me conheça?", exclama Lear. "Quem me pode dizer quem sou eu?" O Bobo: "A sombra de Lear." O começará da tragédia transforma-se gradualmente em sua parte central. Lear já perdeu seu reino, mas ainda não se apercebeu disso; Goneril, Regan e Edmund já levantaram uma ponta de suas máscaras, mas ainda não as arrancaram de todo; Lear já recebeu sua primeira ferida, mas ainda não se avizinhou o momento em que seu coração começará a sangrar; sua mente despótica já está abalada, mas ainda não existem sinais dos novos pensamentos que substituirão os antigos.

Passo a passo, até o final, o diretor e o ator acompanham a transformação do Rei num mendigo, de um tirano num pai amoroso. Esses "já" e "ainda não" tecem fios vivos, entrelaçando todos e cada um dos pontos do passado (início) no presente e, simultaneamente, profetizando o padrão do futuro (final). Cada cena e cada personagem revelam seu significado e sua intenção verdadeiros em cada momento da transformação, a qual tem lugar na onipresente parte central. O Lear que renuncia a seu suntuoso trono e o Lear que aparece pela primeira vez no castelo de Goneril são dois Lears diferentes. O segundo nasce do primeiro, assim como o terceiro surgirá do segundo, etc., até o final, onde os "ainda não" desaparecem e todos os "já" se fundem no majestoso desfecho da tragédia.

Tendo em mente o modo como todas as cenas se transformam umas nas outras sob a influência das três leis da composição, o diretor e os atores podem facilmente distinguir entre o importante e o não-importante, entre o principal e o secundário. Estarão aptos a acompanhar a linha básica da peça e a batalha que nela se trava, sem se perderem nos detalhes. Vistas à luz da composição, as próprias cenas induzirão o diretor a decidir como melhor encená-las, porque seu significado para a peça, como um todo, lhe é revelado de forma inconfundível.

As leis de triplicidade, polaridade e transformação levam-nos à seguinte lei de composição, a qual consiste em encontrar um *clímax* para cada uma das três grandes seções ou unidades.

Cada uma das unidades tem seu próprio significado, suas próprias qualidades características e seus próprios poderes predominantes, que não estão uniformemente distribuídos dentro delas; fluem e refluem em força, crescem e decrescem, como em ondas. A seus momentos de máxima tensão chamaremos *clímax*.

Numa peça bem escrita e bem desempenhada existe um clímax *principal* para cada uma das três unidades. Cada clímax relaciona-se com os outros, à semelhança das três unidades entre si: o clímax da primeira unidade é uma espécie de *resumo* do enredo até esse ponto; o segundo clímax também mostra em forma condensada como se desenvolve o enredo da segunda unidade, ou unidade intermédia; e o terceiro clímax cristaliza o final do enredo dentro da estrutura da última unidade. Portanto, os três clímax também são regidos pelas leis de triplicidade, transformação e polaridade, tal como as três unidades. Um outro exemplo extraído do *Rei Lear* ilustrará isso.

Poderes terrenos, negativos, atmosferas deprimentes, feitos e pensamentos sombrios ameaçam na primeira unidade da tragédia. Se nos perguntarmos exatamente onde, nessa unidade, suas qualidades, seus poderes e seu significado se expressam com clareza e intensidade superlativas, em sua mais concentrada forma, nossa atenção será atraída, com toda a probabilidade, para a cena em que Lear condena Cordélia, joga sua coroa nas mãos de seus inimigos e bane seu dedicado e fiel servidor Kent (Ato I, Cena 1). Essa cena relativamente curta pode ser comparada a outra em que uma semente irrompe subitamente de seu invólucro e o crescimento da planta começa. Vemos nessa cena a primeira manifestação de forças do mal, que estavam escondidas ao redor e dentro de Lear. Explodindo violentamente do interior do ser de Lear, essas forças libertam agora os poderes negativos que o cercam. O mundo do Rei Lear, até aí tão completo e harmonioso, começa a se desintegrar. Em sua cegueira egocêntrica, Lear é incapaz de ver Cordélia. Goneril e Regan arrebatam o poder que acompanha a coroa; a atmosfera sinistra, repleta de maus presságios, cresce e propaga-se. Todas as molas mestras da tragédia estão presentes durante essa curta cena. Esse é o clímax da primeira unidade

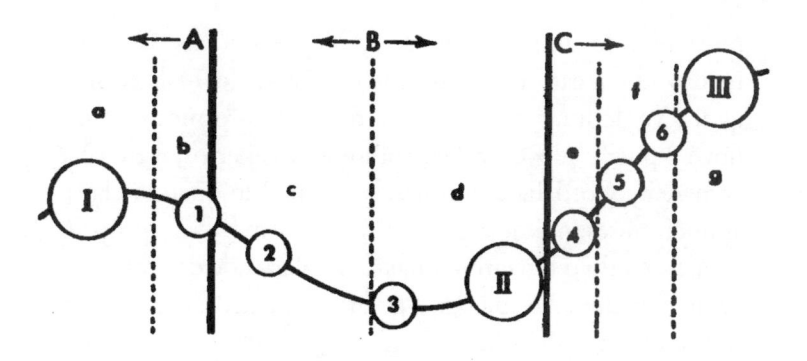

A, B, C – Três Grandes (Principais) Unidades
I, II, III – Clímax Principais
1, 2, 3, 4, 5, 6 – Clímax Auxiliares
a, b, c, d, e, f, g – Subdivisões

DIAGRAMA

(Ato I, Cena 1, começando com a fala de Lear,"Que assim seja", e terminando com a saída de Kent)*.

Antes de procurarmos descobrir o clímax da segunda unidade, é requisito prévio sondarmos o clímax da terceira unidade. Os poderes e as qualidades espirituais, positivos, em contraste com o começo, são aí dominantes. Uma atmosfera esclarecida, iluminada pelo sofrimento de Lear e o desaparecimento do mal, prevalece no final. Também aí encontramos a cena em que todos os poderes e as qualidades se fundem no majestoso final, que engloba o significado da terceira unidade. É o fruto da semente que germinou, cresceu e se desenvolveu durante a tragédia. O clímax começa com o momento em que Lear aparece, carregando Cordélia morta em seus braços (Ato V, Cena 3). O mundo terreno, material, desapareceu para ele. Em seu lugar emerge um

---

* Ver o diagrama, I.

novo mundo, impregnado de valores espirituais. O sofrimento que Lear suportou, em resultado do mal, com o qual teve de lutar dentro e fora de si, transformou-o num novo e purificado Lear. Seus olhos estão abertos, e ele vê a verdadeira Cordélia como não podia fazê-lo quando ela se apresentou diante dele em seu trono. A morte do próprio Lear concluiu o terceiro clímax*. A polaridade de ambos os principais clímax é análoga à polaridade entre o começo e o final da peça.

Vejamos agora o clímax da segunda unidade, esse crisol onde a transformação ocorre.

Poderes caóticos, tempestuosos, destrutivos, que perseguem implacavelmente Lear, assinalam essa segunda unidade. Depois, a tempestade cessa e a atmosfera de vazio e solidão se propaga. A consciência anterior de Lear é profundamente agitada, e ele erra pelo descampado como um louco. Onde é que encontramos, pois, o clímax dessa unidade? Há alguma cena que expresse a transformação do começo da tragédia em seu final, uma cena em que se perceba o passado agonizante e o futuro despontando a um só tempo? Sim, existe, deve existir tal cena. É aquela em que Shakespeare nos mostra dois Lears simultaneamente: um está expirando (o passado), outro está começando a avultar (o futuro). É interessante notar que a transformação, nesse caso, encontra sua expressão não tanto no conteúdo das falas ou no significado de palavras específicas mas sobretudo na própria situação, no fato da loucura de Lear. Esse clímax principia com a entrada de Lear louco no campo vizinho de Dover e termina com sua saída (Ato IV, Cena 6)**.

Vejamos agora o significado dessa cena e perguntemo-nos: "É este o mesmo Lear que vimos e conhecemos no iní-

---
* Ver o Diagrama, III.
** Ver o Diagrama, II.

cio e em cenas subseqüentes?" A resposta deve ser: não, é apenas sua concha exterior, uma caricatura trágica do régio e magnífico Lear anterior. Sem dúvida, a destruição de sua mente e a humilhação de sua aparência exterior atingiram o auge, mas se sente não ser esse o remate do destino de Lear. Todo o sofrimento, as lágrimas, o desespero, o remorso abateram-se sobre a cabeça branca de Lear com a única intenção de produzir um louco? É quase impensável. Seria injusto e gratuito. Seu coração destroçado, seu orgulho e dignidade, ou sua coragem, sua luta feroz, sua vontade orgulhosa e inquebrantável de rei, tudo foi em vão? Se assim foi, que desperdício de uma grandiosa personagem! Mas sabemos e pressentimos que a tragédia de Lear ainda não está resolvida e aguardamos o que se oculta atrás do disfarce de louco. Esperamos um novo Lear, cujo futuro podemos apenas conjeturar por ora, mas para quem deve existir uma resolução mais nobilitante. Esperamos por ele e em nosso espírito já enxergamos o Lear do futuro. Sabemos que por detrás de sua frágil fachada ele está a caminho da regeneração num novo Lear que não tardará a surgir. Vemo-lo em sua nova aparência quando, de joelhos na tenda de Cordélia, implora-lhe o perdão. Mas nesse momento há dois Lears diante de nós: um como um corpo vazio e sem espírito, o outro como um espírito sem corpo. O que ocorre diante de nossos olhos é o *processo de transformação do passado em futuro*. A polaridade está prestes a ganhar forma. Sentimos o clímax da unidade central e transitória.

Os três principais clímax (se forem encontrados corretamente, mais por intuição artística do que por raciocínio) dão-nos a chave para a idéia principal e a dinâmica da peça. Cada clímax expressa a essência dessa unidade que ele representa. Três cenas comparativamente curtas traçam todo o caminho interior e exterior de Lear, todo o seu destino:

Lear comete numerosos delitos e liberta forças tenebrosas; caos, sofrimento e loucura despedaçam a consciência anterior de Lear, assim como seu corpo decrépito e seu mundo; uma nova consciência, um novo Lear e um novo mundo começam despontando em resultado disso. A tragédia é erguida do plano terreno para o espiritual, e poderes positivos são vitoriosos nele. Se tentarmos ver somente esses três clímax em nossa imaginação, poderemos expressar o conteúdo e o significado de toda a tragédia em três palavras: *pecado*, *julgamento* e *redenção*. Assim, os três clímax cristalizam mais uma faceta da principal idéia da peça.

Nessa altura, poderia ser sugerido ao diretor que começasse ensaiando com os três principais clímax. É impressão errônea que os ensaios de uma peça devam começar com a primeira cena e continuar em sucessão linear, sem o menor desvio; isso é induzido pelo hábito e não inspirado por necessidade criativa. Não há justificação nem necessidade de começar desde o início se toda a peça estiver bem viva na imaginação. Será preferível começar pelas cenas que expressam a essência da peça e depois passar às de importância secundária.

Cada uma das três principais unidades da peça pode ser subdividida em qualquer número de outras menores. Essas unidades menores também possuem seus próprios clímax, a que chamaremos *clímax auxiliares* para distingui-los dos principais. O *Rei Lear* presta-se às seguintes subdivisões:

A primeira unidade principal (A) divide-se em duas menores. Na primeira (*a*), Lear aparece diante do público em toda a sua grandeza, ressumando ilimitado poder despótico. Comete três pecados: condena Cordélia, entrega a coroa e sentencia o banimento de Kent. Na segunda subdivisão (*b*) os poderes negativos, perversos, iniciam sua atividade destrutiva e maligna.

O primeiro clímax principal (I) é também o clímax da primeira subdivisão (*a*), mas a segunda subdivisão (*b*) tem seu próprio clímax auxiliar (1). Depois que o enfurecido Lear deixa o trono e o rei da França se afasta com Cordélia, ouvimos primeiro as vozes sussurrantes de Goneril e Regan numa atmosfera de conspiração e segredo (Ato I, Cena 1). Goneril: "Irmã, não é coisa de somenos o que tenho a dizer..." Elas estão planejando sua conspiração, e esse é o começo do clímax auxiliar (1). O tema do Mal, que tinha começado sub-repticiamente (era mais sentido na atmosfera, desde o momento em que sobe o pano) e depois explodido violentamente, de súbito, com a ira de Lear, entra agora em sua terceira e mais importante fase de desenvolvimento. Adquire uma forma definitiva de conspiração deliberada. Esse clímax também envolve o solilóquio de Edmund (Ato I, Cena 2), porque, do ponto de vista da composição, as divisões do autor em atos e cenas devem ser desprezadas. Assim, o clímax termina com a entrada de Gloucester.

A unidade central (B) também pode ser subdividida em duas partes menores (*c* e *d*). A primeira parte é apaixonada, tempestuosa e caótica; nela, as forças elementares foram desencadeadas, penetrando lentamente nas profundezas da consciência de Lear, atormentando-a e dilacerando-a. O clímax auxiliar (2) dessa subdivisão (*c*) começa com o solilóquio de Lear, "Soprai, ventos, e estourai vossas bochechas!" (Ato III, Cena 2), e termina com o verso " Tão velha e branca quanto esta. Oh! Oh! É repugnante!".

A segunda subdivisão (*d*) começa quando a tempestade abranda, quando o mundo parece estar vazio e o exausto e desamparado Lear cai num sono profundo, como de morte. Nesse ponto, diga-se de passagem, gostaria de chamar a atenção para o fato de que a unidade central (B), com suas duas subdivisões (*c* e *d*), mostra forte contraste ou polaridade. Na segunda subdivisão (*d*) encontramos dois clímax: o principal (II) e o auxiliar (3), que o precede. O clímax auxiliar (3) mostra a extrema tensão das forças tenebrosas, seu *forte-fortissimo* na cena mais cruel de toda a tragédia, quando cegam Gloucester (Ato III, Cena 7). O clímax começa com a entrada de Gloucester e termina com a saída de Cornwall ferido.

Essa cena de uma violência selvática, irrompendo na atmosfera geral de desolação, vazio e solidão, apenas a enfatiza ainda mais por suas qualidades contrastantes. Ao mesmo tempo, é um momento culminante no tema do Mal. Se acompanharmos os desenvolvimentos das potências positivas e negativas, poderemos ver a diferença essencial entre elas. As forças positivas, as potências do Bem, não têm um momento culminante. Desenvolvem-se e crescem quase em linha reta até o fim, ao passo que as forças negativas, as potências do Mal, voltam sua atividade destrutiva contra si próprias, depois que arruinaram tudo a sua volta. É esse seu ponto culminante. Portanto, é de suma importância observar seu nascimento no primeiro clímax auxiliar (1), seu apogeu no terceiro clímax auxiliar (3) e sua completa aniquilação. Esta última também terá sua cena culminante no duelo entre os dois irmãos (o sexto clímax auxiliar).

Mesmo antes da terceira grande unidade (C) começar, o despontar de luz crescente é sentido na longa seqüência de cenas. Sob a capa do louco já prevemos um novo e esclarecido Lear; o Mal começa a destruir-se; Gloucester encontra seu fiel filho; a breve aparição de Cordélia. Do ponto de vista da composição, são todas as cenas preparatórias da terceira parte – a espiritual – da tragédia. E, com o aparecimento de Lear na tenda de Cordélia, o tema da luz (Bem) é deflagrado com grande vigor. Assim principia a terceira unidade (C).

O tema da luz passa por três fases sucessivas, as quais propiciam três subdivisões. A primeira (*e*), na tenda de

Cordélia (Ato IV, Cena 7), é suave e romântica. O novo Lear desperta num novo mundo, cercado por pessoas bondosas e clementes. Esse é o "segundo Lear", cuja aparição estivemos esperando. Entre o momento do despertar de Lear e sua saída está o clímax auxiliar (4) dessa parte romântica.

A segunda subdivisão (*f*) é apaixonada e heróica. Lear e Cordélia são conduzidos à prisão (Ato V, Cena 3). Aí, a nova consciência de Lear cresce e ganha vigor. De novo na voz de Lear insinuam-se sugestões do poderoso Rei que ele foi, mas agora sua voz não soa despótica. Ele se tornou mais espiritual do que terreno. O clímax auxiliar (5) dessa parte começa com a entrada de Lear e Cordélia e termina com sua saída.

É nessa mesma parte heróica (*f*), como seu momento de desfecho, que tem lugar o duelo entre Edmund e Edgar. Esse é um outro clímax auxiliar (6), a que nos referimos antes.

A terceira e última subdivisão (*g*) tem uma qualidade trágica, enaltecedora. É o acorde final que serve de remate para toda a composição. O clímax dessa subdivisão é o terceiro clímax principal (III) de toda a tragédia.

Todos os clímax estão correlacionados, complementando-se ou contrastando-se mutuamente. Como já foi afirmado, os três clímax principais absorvem em si mesmos toda a idéia da peça e expressam-na em três fases sucessivas. Os clímax auxiliares constroem transições e elos de ligação entre aquelas. São elaborações da idéia principal, que pode ser expressa da seguinte maneira:

Tendo cometido seus três pecados decisivos (I), Lear desencadeia forças malignas (1) que o perseguem e atormentam, crescendo na imaginação candente de Shakespeare até se converterem no símbolo majestoso de uma furiosa tempestade (2). Não encontrando resistência, as potências do Mal aumentam sua atividade destrutiva até atingirem seu clímax (3), quando então começa seu declínio e sua autodestruição. O castigo de Lear também atinge seu auge, seu clímax (a junção dos dois Lears) quando ele enlouquece em decorrência de seu sofrimento e tormento (II), após o que o processo de trágica iluminação avança através de três fases sucessivas: romântica (4), heróica (5) e finalmente, depois que as forças do Mal se destroem a si mesmas (6), a fase de suprema espiritualidade, quando o purificado Lear ingressa no outro mundo para juntar-se a sua amada Cordélia (III).

Portanto, o diretor poderia muito bem, tendo começado seus ensaios com os clímax principais, tomar em mãos os clímax auxiliares, até que gradualmente os detalhes se agrupassem em torno da coluna vertebral.

Os clímax principais e auxiliares não abrangem todos os momentos de conflito ou tensão disseminados ao longo da peça. Seu número não depende de nenhuma lei e podem ser livremente definidos de acordo com o gosto e a interpretação do diretor e dos atores. Para distinguir os momentos de menor tensão, chamemo-los *acentos*. A título de exemplo de como os acentos são definidos, usaremos o primeiro clímax principal da tragédia.

Esse clímax principia com uma pausa tensa e significativa imediatamente após a resposta crucial de Cordélia: "Nada, meu Senhor." (Ato I, Cena 1) Essa pausa é o primeiro acento dentro do primeiro clímax principal. Nessa pausa germina toda a cena seguinte, e desse germe resulta o impulso que força Lear a cometer os três pecados que nos mostram as características sombrias de sua natureza. É isso o que converte essa primeira pausa num acento e torna esse acento tão significativo e forte, do ponto de vista da composição.

Uma outra pausa encontra-se no final do primeiro clímax principal. É o acento com que se conclui o clímax e segue-se imediatamente à saída de Kent. Nele, como num foco, está concentrado o resultado moral de tudo o que aconteceu. A primeira pausa-acento prediz os eventos que se aproximam, a segunda resume-os.

Entre o primeiro acento e o concludente que acabamos de delinear, Lear condena Cordélia e expulsa-a, entrega a coroa a suas outras filhas e, finalmente, ordena o banimento de Kent das fronteiras do reino. O primeiro desses malefícios cometidos por Lear tem um significado puramente espiritual: expulsando Cordélia, ele se condena a um futuro de solidão; esvazia seu próprio ser. O solilóquio "Que assim seja" é o segundo acento do clímax.

O segundo pecado de Lear tem um caráter mais externo: ele destrói seu ambiente, seu reino. Em vez da implicação de que está nobremente transferindo a coroa para seus legítimos herdeiros, como condiz com sua majestosa maneira, ele a rejeita virtualmente com aversão, como protesto contra a verdade ouvida de Cordélia e Kent. Essa outorga equivocada de seus régios poderes é o terceiro acento da cena, principiando com a fala "Cornwall e Albany, com os dotes de minhas filhas" e terminando com "que acompanham a majestade".

O banimento de Kent, o terceiro pecado de Lear, tem um caráter inteiramente exterior: ele desterra Kent de suas possessões terrenas, ao passo que Cordélia foi banida de seu reino espiritual. A última fala de Lear, "Escuta-me, traidor!", é o quarto acento da cena. O quinto acento-pausa conclui o clímax.

Nesse ponto o diretor, depois de ter ensaiado os clímax, pode prosseguir com o ensaio dos acentos. Assim, ele e os atores avançarão para a linha principal da peça e não serão desviados nem distraídos por momentos menos essenciais durante a encenação.

Ao princípio seguinte de composição chamamos *lei das repetições rítmicas*. Essa lei também se manifesta de várias maneiras na vida do universo, da terra e do homem. Apenas duas ou três dessas maneiras precisam ser mencionadas em relação à arte dramática. Em primeiro lugar, quando os fenômenos se repetem regularmente no espaço ou no tempo, ou em ambos, e permanecem inalterados; em segundo lugar, quando os fenômenos mudam com cada repetição sucessiva. Essas duas espécies de repetição evocam diferentes reações no espectador.

No primeiro caso, o espectador tem a impressão de "eternidade", se a repetição ocorre no tempo, ou de "infinidade", se no espaço. Essa espécie de repetição, aplicada ao palco, ajuda freqüentemente a criar uma certa atmosfera. Considerem-se o soar rítmico de um sino, o tique-taque de um relógio, o som das ondas rebentando na praia, rajadas repetidas de ventos, etc.; ou contemplem-se as repetições de um cenário, como as filas de janelas igualmente distribuídas, a sucessão uniforme de colunas ou figuras humanas atravessando regularmente o palco.

No *Rei Lear* é sumamente vantajoso usar essa espécie de repetição rítmica no início da peça, a fim de criar a impressão do "eterno" (antigo) e "interminável" (imensamente extenso) reino lendário. Os cenários, a distribuição de luz, como archotes, lanternas e janelas iluminadas, os sons e os movimentos podem ser facilmente usados para se atingir esse objetivo. As aparições rítmicas de personagens e cortesãos no palco, seus espaçamentos quanto à distância, breves pausas ritmicamente estabelecidas antes e depois da entrada de Lear, mesmo o som dos passos de Lear ao aproximar-se – todos esses meios e outros afins criarão a desejada impressão. A mesma técnica de repetição rítmica pode ser usada nas cenas em que a tempestade varre o descampado: relâmpagos, trovões, rajadas de vento, assim como os movimentos dos atores, tornando-se alternadamente bruscos (*staccato*) ou contínuos (*legato*). O diretor estará indubitavelmente apto a encontrar outros e inúmeros meios e recursos para criar a impressão da "interminável" e torturante tempestade que mantém Lear e seus companheiros subjugados.

O efeito produzido pelo segundo tipo de repetição, quando os fenômenos mudam, é diferente. Aumenta ou diminui certas impressões, tornando-as mais espirituais ou mais materiais; aumenta ou diminui o humor, ou a tragédia, ou qualquer outra faceta de uma situação. O *Rei Lear* fornece-nos uma boa oportunidade para demonstrar também esse segundo tipo de repetição.

1. Três vezes no decorrer da tragédia o *tema majestático* se destaca com grande força. Na primeira aparição de Lear na Sala do Trono, o espectador acolhe-o como um rei em todo o seu esplendor terreno. A imagem do pomposo tirano é firmemente incutida na mente. A *repetição* do tema impressiona o público quando o Rei louco aparece na desolada charneca (Ato IV, Cena 6). Essa repetição enfatiza, para o espectador, o declínio ou a diminuição da augusta grandeza terrena e a ascensão ou o recrudescimento da espiritual. Em nenhum momento Shakespeare ofusca as qualidades *majestáticas* de seu protagonista. Pelo contrário, faz tudo para enfatizar que se trata de um *Rei* e não de uma pessoa comum que sofre a transformação da majestade terrena para a *espiritual*. Não só as palavras mas também o contraste com a situação no começo – a aparência exterior do *Rei*, sua mente dilacerada e perplexa – forçam o espectador a vê-lo em retrospecto, a fim de acompanhar o cruel destino do rei com maior compaixão. O efeito dramático não seria tão flagrante se fosse permitido ao espectador esquecer, ainda que por um instante, que se trata de um

Rei: "Sou o Rei em pessoa... Sim, um Rei da cabeça aos pés... Sou um Rei, meus senhores, não se esqueçam disso!"

No final da tragédia, o "Rei" aparece pela terceira vez, quando Lear morre com Cordélia morta em seus braços. É então que Lear se apresenta em seu maior contraste diante do espectador. O poderoso déspota no trono e o mendigo impotente no campo de batalha, é certo, mais ainda um Rei, apesar de tudo. Ele morre no final da tragédia. Mas agora tente perguntar a si mesmo, como espectador, se o *Rei* morreu realmente para você, embora o tenha visto assim representado. Não é muito provável. Se o papel foi bem interpretado e as repetições adequadamente conduzidas, a conclusão do espectador será, sem dúvida nenhuma, de que o que morreu no Rei foi apenas o seu "eu" terreno, despótico, mas que o outro, o *Rei espiritual*, com o "eu" purificado, ganhou uma merecida imortalidade. Concluída a *performance*, ele continua vivendo na mente e no coração do espectador. Se essa é uma teoria infundada, então compare-se a morte de Lear com a de Edmund. O que fica com o espectador após a morte de Edmund? O vazio, o "nada" que caracterizou sua vida. Ele desaparece da memória. A morte de Lear, por outro lado, é uma transformação transcendente: ele ainda existe, embora como um outro ser; no decorrer da tragédia, seu "eu" majestático acumulou tanta energia espiritual que ele permanece intensamente vivo para o espectador muito depois de sua morte física. Por conseguinte, a repetição do tema do "Rei" serve para aumentar o significado espiritual do conceito "Rei". Essa repetição rítmica revela-nos ainda um dos aspectos da principal idéia da tragédia: *"O Rei", o eu superior no homem, tem o poder de viver, crescer e transformar-se sob os golpes do destino implacável e está apto a transcender as fronteiras da morte física.*

2. Lear encontra Cordélia por cinco vezes. Cada encontro é um passo a mais no caminho de sua união eterna. Lear encontra-a` na Sala do Trono e expulsa-a. Num sentido composicional, isso é um gesto preparatório, uma espécie de trampolim para seus encontros vindouros. Quanto mais cruel for a expulsão dela, mais impressionante se tornará o encontro final. O segundo encontro acontece na tenda de Cordélia, após uma longa separação. Tem um caráter inteiramente diferente. Os papéis estão invertidos. A fragilidade e a impotência de Lear justapõem-se a seu antigo poderio. De joelhos, implora o perdão de Cordélia. Mas, no sentido superior que a tragédia busca transmitir, eles ainda não se reencontraram. Nesse segundo encontro, Lear está humilhado demais, está num plano inferior demais. Cordélia ainda não é capaz de o erguer ao nível dela. Impõe-se um passo suscetível de favorecer a elevação de Lear, um outro encontro é necessário. Isso ocorre na terceira repetição da figura rítmica: Lear e Cordélia são conduzidos à prisão. Mas também aí a igualdade total ainda não é atingida. No indomável "eu" de Lear, o egoísmo vem de novo à tona, se bem que já esteja agora manifestando alguns laivos de espiritualidade. Ele despreza os cortesãos, essas "borboletas douradas", esses "insignificantes patifes", e é esse desdém que reacende o orgulho que alienara Cordélia. Justamente por essa prova, vemos que Lear ainda não é digno dela. O espectador ainda sente que outro encontro será necessário; daí vê-los novamente juntos quando Lear carrega o corpo de Cordélia em seus braços. Esse é o quarto encontro de ambos. Agora, Lear está liberto de seu orgulho e de todos os desejos, exceto um – fundir o inexprimível amor de todo o seu ser com o de Cordélia, dar de si ainda mais do que ela se dera. Mas existe entre eles a fronteira dos dois mundos. No mundo onde ainda permanece, ele rejei-

tara uma vez a filha. Agora, em seu desespero, Lear tenta chamá-la de volta, pois de que outro modo pode ele agora atingir o único objetivo meritório de sua existência? "Cordélia, Cordélia, fica um pouco mais. Ah! O que foi que disseste?" (Ato V, Cena 3). Assim, ainda mais outro passo em frente, outro encontro é necessário, e este é a passagem do próprio Lear para o mundo de Cordélia. E Lear morre. Sua morte conclui a repetição rítmica. Os dois que se buscaram mutuamente por tanto tempo estão agora unidos além das fronteiras do mundo físico. Esse quinto e último encontro é reconhecido pelo espectador como a suprema forma de amor humano, a união final de verdadeira devoção. Agora, Lear e Cordélia não só se deram igualmente mas são iguais entre si, são espiritualmente um. Uma vez mais, graças à composição, revela-se outra faceta da idéia principal da tragédia. Se o exemplo anterior da recepção mostrou ao espectador a imortalidade do *eu* majestático do homem, este comunica a *necessidade da união do eu majestático, o eu masculino, com sua contraparte – o eu feminino, que abranda a crueldade e a agressividade masculinas daquele*. Aqui temos a união de Lear com qualidades da alma de que carece no início e que repeliu quando condenou Cordélia ao desterro.

3. Este terceiro exemplo de repetição apresenta-se como uma espécie de *paralelismo*. O espectador acompanha simultaneamente a tragédia de Lear e o drama de Gloucester. O drama repete a tragédia. Gloucester não sofre menos do que Lear, mas os resultados de seu sofrimento são diferentes. Ambos cometem erros; ambos perdem seus amados e fiéis filhos; mas também têm filhos malévolos; ambos perdem suas possessões terrenas; mas reencontram seus filhos perdidos; ambos morrem no desterro. Aí terminam as semelhanças desses dois destinos e começam as diferenças contrastantes. Vejamos onde e como.

Gloucester repete o destino de Lear mas em nível inferior; não transpõe as fronteiras da mente terrena e não enlouquece. Enfrenta as mesmas potências elementares, mas estas não lhe ampliam a consciência nem despertam nele uma consciência superior; não se torna uma parte integrante dessa tempestade, como ocorre com Lear. Gloucester pára onde a ascensão espiritual de Lear principia; ambos dizem que aguardarão pacientemente, mas, para Gloucester, trata-se de seu limite mundano. Lear vai mais além; reencontra Cordélia e, de seu ponto de vista, isso é o impulso para uma vida nova e superior, uma vida para além deste mundo. Gloucester reencontra Edgar e morre; ele é apenas um mortal e não pode penetrar nos mistérios ocultos que estão além da consciência terrena. Semelhante é o caminho da vida, mas diferentes são aqueles que o percorrem! A diferença de Lear é que a força de seu *eu* majestático o habilita a criar e moldar seu próprio destino; ele combate o destino que o circunscreve e recusa submeter-se a ele, como Gloucester. Tal repetição-paralelismo também revela, primeiro através da semelhança e depois através do contraste, uma outra das facetas da idéia principal da tragédia: *o poder do eu inquebrantável e a luta por um ideal (Cordélia) tornam imortal o homem mortal.*

4. Três vezes Lear *aparece* num torvelinho de tragédia e três vezes o *deixa*. Uma tensa atmosfera de expectativa toma o palco quando sobe o pano. O diálogo sussurrado entre Kent e Gloucester, semelhante a uma "pausa", prenuncia a aparição do monarca. Só com a entrada de Lear a tragédia realmente começa. O pressago destino começa lentamente a desdobrar-se diante do espectador fascinado. Passo a passo, acompanha a destruição do poderoso monarca. Lear luta, sofre e perde, só renunciando momentaneamente à longa batalha depois do "julgamento" de suas filhas,

quando, exausto, cai num profundo sono semelhante à morte (Ato III, Cena 6). Parece derrotado. O destino completou seu primeiro assalto e, pela primeira vez desde sua aparição inicial, Lear afasta-se do mundo da tragédia. Uma vez mais, uma longa e significativa "pausa" abrange uma série de cenas.

A segunda aparição de Lear é irreal e fantástica. Ele parece um fantasma surgindo do nada nos campos próximos de Dover. Se parece irreal é porque, como sabemos, ele já é uma concha vazia, desprovida de espírito. Teve seu passado e terá seu futuro mas não tem presente. É um ser errante, em suspensão. À semelhança de um cometa, risca o céu de um mundo trágico e desaparece outra vez.

Lear *aparece* pela terceira vez na tenda de Cordélia. De novo uma "pausa", dessa vez musical, e uma atmosfera de amor e expectativa que prenuncia sua presença adormecida. Lear desperta: "Dano me fizeste, retirando-me da sepultura." Quão distante estava ele até esse momento? Que mudança sofreu enquanto pairava além do limiar de seu mundo trágico? Inconscientemente, o espectador compara a primeira aparição de Lear na Sala do Trono com essa terceira aparição e apreende o significado pleno do trágico destino do soberano, seu crescimento interior e sua transformação como um ser errante. E, no final da peça, o espectador separa-se de Lear pela terceira e última vez. Lear sai novamente numa atmosfera majestática. Como majestática é também a "pausa" que se segue a sua morte física. O espectador observa, emocionado, a lenta partida para o outro mundo. Dessa vez, a repetição convence-nos do *crescimento interior de Lear e da fronteira entre dois mundos, a qual só um Lear, e não um Gloucester, pode transpor.*

5. Tentemos agora uma decomposição semelhante da breve cena em que Goneril e Regan juram seu amor a Lear

(Ato I, Cena 1). A forma exterior dessa repetição é simples: (*a*) pergunta de Lear a Goneril; (*b*) resposta de Goneril; (*c*) aparte de Cordélia; (*d*) decisão de Lear. Repete-se a mesma figura com a resposta de Regan. Na terceira repetição, a figura desfaz-se com a resposta de Cordélia e desenvolve-se a cena seguinte como resultado dessa tripla repetição. Para demostrar isso melhor, representemos a cena toda em nossa imaginação.

Lear aparece na sala do Trono, todos os olhos voltados para ele. A reverência, a veneração e o medo que o rodeiam são tão grandes quanto seu desprezo por tudo o que o cerca. O olhar de Lear não se fixa em lugar nenhum nem em ninguém. Está obcecado consigo mesmo e com seu profundo anseio de paz e descanso. Abdica do trono e renuncia ao poder. Goneril, Regan e Cordélia, assim espera, dar-lhe-ão a desejada paz; acompanhá-lo-ão amorosamente até a hora de sua morte. E na morte, pensa ele, encontrará uma amiga que lhe oferecerá eterno repouso.

Lear dirige sua primeira pergunta a Goneril. Agora todos os olhos estão voltados para ela, com exceção dos de Lear, que conhece de antemão a resposta dessa filha. Mas a resposta é perigosa e difícil. Uma nota falsa na voz dela pode gerar uma centelha de suspeita no coração do Rei e despertar sua consciência adormecida. Mas o medo e a inspiração sombria ajudam Goneril a encontrar as palavras e a conduta certas. Ela penetra na consciência entorpecida de Lear sem agitá-la. Goneril começa sua fala. Seu tom, seu ritmo, seu timbre de voz e até sua maneira de falar assemelha-se aos do próprio Lear quando lhe dirigiu a pergunta. Assim amalgamada com ele, suas palavras soam como se fossem as do próprio Lear, que as escuta em silêncio e imóvel. As palavras de Goneril tornam-se cada vez mais lenientes, começando a soar como uma canção de ninar que o embala num sono ainda mais profundo. O aparte interlocutório de Cordélia – "O que fará Cordélia?" – soa como um soluço abafado. Lear pronuncia sua decisão. Está concluído o primeiro gesto dessa repetição.

Agora, com sua consciência ainda mais envolta em sono, Lear faz sua pergunta a Regan. O gesto da composição começa repetindo-se. A tarefa de Regan é mais simples. Goneril preparou o caminho e mostrou como obter o ganho que as espera. Regan, como sempre, imita Goneril. De novo o desalentado aparte de Cordélia – "Nesse caso, pobre Cordélia" – é intercalado na fala de uma irmã. Lear pronuncia sua decisão e faz a última pergunta a Cordélia. A repetição inicia sua terceira volta.

Todo o ser de Cordélia está repleto de amor por seu pai, cheio de compaixão por ele e vibrante de protesto contra as mentiras de suas irmãs. Clara, veemente, instigadora e em contraste com as vozes das irmãs, soa a resposta de Cordélia: "Nada, meu senhor." Ela quer libertar o pai do feitiço em que Goneril e Regan o envolveram. Segue-se uma pausa tensa e pesada. Pela primeira vez Lear fixa o olhar – em Cordélia. É um olhar longo e sombrio. Dissolve-se nesse instante a figura de repetição. Cordélia despertou Lear, mas – como o leão cansado cuja sonolência é perturbada – seu despertar é um rugido colérico. Sua vontade poderosa golpeia a terna e impotente cria que apenas procurava adverti-lo do perigo iminente. Ele envereda por uma direção arbitrária, e a catástrofe é inevitável. Um após outro, Lear comete seus três erros fatídicos. Uma vez mais, a repetição desvenda uma parte da principal idéia da tragédia. *O poder de um eu desperto ainda não garante o bom, o verdadeiro e o belo. Tudo depende da direção em que o eu desperto decide seguir.*

Passemos à lei seguinte de composição.

A vida, em suas manifestações, não segue sempre uma linha reta. Ela ondula, ela respira ritmicamente. Assim, as *ondas rítmicas* assumem várias características com diferentes fenômenos; florescem e murcham, aparecem e desaparecem, dilatam-se e contraem-se, espalham-se e concentram-se *ad infinitum*. Em sua aplicação à arte dramática, podemos considerar essas ondas como expressão apenas de uma ação *interior* e *exterior*.

Imaginemos uma significativa pausa dramática, fulgurante de poder, internamente ativa, criando uma atmosfera forte e mantendo o público em *suspense*. Não é incomum encontrar uma pausa tão fecunda, porquanto uma pausa nunca é um vácuo completo, um hiato ou um espaço psicologicamente vazio. No palco não existem, nem devem existir, pausas vazias. Toda e qualquer pausa precisa ter um propósito. Uma pausa real, bem preparada e perfeitamente executada (longa ou curta) é o que poderíamos chamar de *ação interna*, uma vez que seu significado está implícito no silêncio. Sua antítese é a *ação externa*, a qual podemos definir como um momento em que todos os meios visíveis e audíveis de expressão são usados em toda a sua extensão – quando fala, vozes, gestos, marcações e até efeitos luminosos e sonoros ascendem para seu ponto de clímax. Entre esses dois extremos existe um espectro de ação exterior, na medida em que aumenta ou diminui em graus variáveis. Uma ação velada, quase imperceptível, assemelha-se freqüentemente a uma "pausa". O próprio início da tragédia, antes da entrada de Lear, pode ser descrito como tal pausa de ação velada, e o mesmo pode ser dito da pausa após sua morte, no final da peça. Fluxo e refluxo de ação interior e exterior, essas são as ondas rítmicas da composição de uma *performance*.

Muitas dessas ondas rítmicas podem ser encontradas no *Rei Lear*.

Elas começam com a cena de abertura, à maneira de pausa, entre Kent, Gloucester e Edmund, quando uma atmosfera de tensa expectativa enche o palco, prenunciando a entrada de Lear e prevendo os eventos que se seguirão. Ao subir o pano, a ação tem um caráter *interior*. Entra Lear, a ação começa a perder gradualmente sua "interioridade". Perde-a ainda mais quando a catástrofe se avizinha. E, durante a explosão de arrebatada ira de Lear, a ação ganha um caráter inteiramente *exterior*. Quando cessa o clímax, a onda de ação exterior reflui. A conspiração das duas irmãs e os pensamentos traiçoeiros de Edmund voltam a criar uma ação interior. Uma nova e forte onda de ação exterior atinge o auge na cena da charneca, onde Lear combate a tempestade. É seguida por torturante nostalgia, solidão e quietude, quando Lear cai num sonho como que de morte. Assim termina uma outra e grande onda rítmica. Esse período de ação interior dá uma vez mais lugar à forte onda de ação exterior, na cena infrene em que cegam Gloucester. Na tenda de Cordélia, a ação é uma vez mais interior. Na cena em que Lear e Cordélia vão para a prisão, a ação exterior retoma temporariamente a primazia. A tragédia termina, como começou, com profunda, interior, majestosa pausa.

Ondas rítmicas menores podem ser encontradas dentro das maiores. Deve-se defini-las pelo gosto dos atores e do diretor, pela interpretação por eles dada à peça como um todo e a cenas separadas. As ondas rítmicas tornam a *performance* vibrantemente bela e expressiva, insuflam-lhe vida e matam a monotonia.

Alguns diretores são propensos ao erro de imaginar que a *performance*, como um todo, deve ir ou num crescendo até o fim ou só atingir seu clímax lá por alturas do meio da peça. Ambas essas concepções errôneas forçam-nos a refrear os meios mais fortes de expressão até a metade ou até o fim, viciando assim desnecessariamente a *performance*. Por outro lado, se levarem em conta que existem numerosos clímax e muitas ondas rítmicas, não precisarão reter o melhor até o final, quando é tarde demais, ou tentar suster a força de uma peça depois de um clímax artificialmente sobrecarregado no meio. Fariam muito melhor se tirassem todo o proveito de todos e cada um dos clímax e fizessem uso de cada oportunidade entre eles; se galgassem a crista de cada onda rítmica a fim de investirem suas produções com o máximo de impacto, relevo e variedade.

Este capítulo não estaria completo sem uma consideração do princípio em que se baseia a *composição das personagens*.

Cada personagem na peça tem seus traços psicológicos específicos. Esses traços devem ser aceitos como um alicerce para a composição. A esse respeito, a tarefa do diretor e dos atores é dupla: *enfatizar as diferenças* das personagens e, ao mesmo tempo, cuidar para que elas *se complementem* o mais possível.

A melhor maneira de cumprir essa tarefa é conjeturar qual dos três traços psicológicos domina cada uma das personagens – vontade, sentimentos ou pensamentos – e a natureza de cada traço.

Se mais de uma personagem possui o mesmo traço, de que modo elas diferem nesse traço?

Algumas das principais personagens no *Rei Lear* representam o tema do Mal. A necessidade de atuarem com uma psicologia negativa, malévola, poderia dar a todas elas uma excessiva semelhança; o uso dos mesmos meios de expressão certamente as faria todas parecidas e monótonas. Assim, examinemos cada uma dessas personagens malévolas e tentemos descobrir de que modo podem ser interpretadas diferentemente.

EDMUND representa um tipo em quem o elemento de *pensamento* é predominante. Ele é privado da capacidade de sentir. Sua mentalidade ágil e penetrante, formando combinações diferentes com sua vontade (a qual não é nada mais do que ambição de poder), produz mentiras, cinismo, desdém, egoísmo extremo, ausência de escrúpulos e crueldade. É um virtuose da imoralidade. Inversamente, sua ausência de sentimentos torna-o firme e destemido em todas as suas ardilosas tramas.

CORNWALL complementa Edmund. É um tipo *volitivo* claro. Sua mentalidade é fraca e primitiva. Seu coração está cheio de ódio. Sua vontade superdesenvolvida e desenfreada, sem o controle do pensamento e toldada pelo ódio, faz dele um representante do poder destrutivo entre as outras personagens malignas.

GONERIL completa a bem definida trindade com Edmund e Cornwall. Todo o seu ser é tecido de *sentimentos*, mas todos os seus sentimentos são paixões, e todas as suas paixões, sensualidade.

O DUQUE DE ALBANY ocupa um lugar singular na composição das personagens. Sua fraqueza complementa a força de Edmund, Goneril e Cornwall e, no entanto, o faz diferentes deles. Sua função é mostrar a inutilidade das tendências morais se estas forem incapazes de combater os poderes do Mal. Portanto, apesar de suas intenções positivas, ele deve ser visto como uma personagem negativa.

REGAN pode ser interpretada de diferentes maneiras. Ela pode ser visualizada, para começar, como uma personagem que *carece de iniciativa*. Mostra-se quase constantemente desempenhando um papel subalterno. Quando jura seu amor por Lear, ela fala depois de Goneril ter falado, imitando a maneira de falar da irmã. Na cena em que as duas irmãs começam a conspirar, a iniciativa pertence a Goneril, que quase hipnotiza Regan. Em suas cenas com Lear, vemos Regan comportando-se e falando quase exatamente como fez Goneril antes dela. Até mesmo a idéia de arrancar os olhos de Gloucester se origina com Goneril, e não com Regan. Uma vez mais, é Goneril quem ganha em astúcia de Regan e a ludibria, envenenando-a. Aqui e ali, deparamos com Regan vacilante, apreensiva e até assustada. Como não possui o intelecto de Edmund, nem a paixão de Goneril, nem a vontade de Cornwall, seria condizente para a composição interpretar Regan como uma personagem que está sendo constantemente conduzida e influenciada.

Intelecto cruel (Edmund), sentimentos impuros (Goneril), vontade tenebrosa (Cornwall), moralidade impotente (Albany) e mediocridade sem imaginação (Regan) – eis as características que compõem esse elenco de personagens. Diferem entre si e, no entanto, complementam-se, pintando assim um quadro bastante completo e multifacetado do Mal que reina dentro da estrutura da tragédia.

Um outro exemplo provém de *Noite de Reis*. De um modo geral, todas as personagens podem ser vistas como apaixonadas. Mas também nesse caso devem ser encontrados os traços específicos de amor para cada personagem. Desde o puro, desinteressado amor entre Antônio e Sebastian até o amor impuro, egoísta, de Malvólio por Olívia, dispõe-se de todos os graus possíveis com que dar matizes e definição à composição das personagens da comédia.

Resumindo este capítulo, tratamos das seguintes leis de composição: Triplicidade, Polaridade, Transformação, Subdivisões, Clímax Principal e Auxiliar, Acentos, Repetições Rítmicas, Ondas Rítmicas e, finalmente, a Composição das Personagens.

É claro que nem todas as peças, antigas ou modernas, propiciam como o *Rei Lear* a oportunidade única de aplicar *todos* os princípios sugeridos. Não obstante, mesmo uma aplicação parcial desses princípios dará à *performance* vida, relevo e beleza estética, aprofundará seu conteúdo e torna-lo-á mais expressivo e harmonioso. Apesar das deficiências ou limitações de qualquer peça, muito pode ser feito para superá-las se o diretor, os atores, os cenógrafos, os figurinistas e todos os demais envolvidos fizerem um esforço comum para observar e implementar com os recursos teatrais a sua disposição pelo menos alguns desses princípios.

Capítulo 9
Diferentes tipos de desempenho

> Entre os extremos da tragédia e do burlesco situam-se numerosas combinações de emoções humanas.
>
> *C. L.*

É possível que você já tenha notado que cada princípio e todos os exercícios apresentados neste livro, se adequadamente aplicados, abrem uma das muitas "câmaras secretas" em nosso "castelo interior". Com efeito, como uma personagem de conto de fadas, você caminha de uma sala para outra desse castelo e descobre novos tesouros que o aguardam em cada uma delas. Seu talento cresce, novas aptidões se desenvolvem e sua alma torna-se mais rica e livre. Isso é especialmente verdadeiro se os exercícios são feitos com alegria e os princípios aplicados com interesse, em vez de executados laboriosamente. Assim, nesse espírito de impaciência e aventura, abramos mais uma porta e vejamos que tesouros nos premiarão agora.

Sem dúvida, concordarão comigo que existem muitos tipos diferentes de peças teatrais, cada uma delas requerendo um desempenho distinto: tragédia, drama, melodrama, comédia, alta comédia, farsa, comédia de pastelão e até o tipo de *performance* a que chamaremos clownesco. Inúmeros matizes e nuanças aumentam, inclusive, os vários tipos de classificações, dentro do quadro de referência que tem por limites extremos a tragédia e o circo.

Quer você seja trágico, comediante ou qualquer outro tipo de ator, ser-lhe-ia igualmente benéfico explorar e exercitar os diferentes modos de desempenho exigidos pelas espécies básicas de criação teatral enumeradas anteriormente. Não diga: "Sou um trágico (ou um comediante) e não preciso desenvolver uma técnica de interpretação para quaisquer outros gêneros teatrais." Dizendo isso você estará apenas cometendo uma grande injustiça para consigo mesmo. Equivale a dizer: "Desejo ser um paisagista e, portanto, recuso-me a estudar qualquer outra forma de pintura." Basta que pense na força dos contrastes para que tal idéia se anule: se você é um comediante, seu humor torna-se mais forte se for *capaz* de interpretar papéis trágicos, e vice-versa. É algo semelhante à lei da psicologia humana, que aumenta nosso senso de beleza se tivermos conhecimento da fealdade ou desperta nosso anseio de bondade se não fecharmos os olhos para o mal e a vergonha a nossa volta. Até uma apreciação e um desejo de sabedoria necessitam do sofrimento de um encontro com a estupidez. Devemos sofrer uma para compreender e desfrutar a outra. E, além disso, podemos estar certos de que quaisquer aptidões recém-adquiridas em todos os tipos de *performances* se revelarão de muitos modos e em momentos imprevistos em nosso trabalho profissional. Pois, assim que as desenvolvermos dentro de nós, elas próprias encontrarão expressão através dos corredores labirínticos de nosso espírito criativo.

Não é preciso alongarmo-nos sobre todos os tipos e combinações possíveis de peças e desempenhos. Nosso objetivo será adequadamente cumprido se tratarmos dos quatro mais destacados e mais dessemelhantes tipos e os discutirmos brevemente.

Comecemos com a tragédia.

O que acontece a um ser humano quando ele, por alguma razão, passa por experiências trágicas (ou heróicas)? Sublinharemos apenas uma característica de tal estado de espírito: ele sente como se as fronteiras comuns de seu ego fossem derrubadas; sente que tanto psicológica quanto fisicamente está exposto a certas forças que são muito mais fortes, muito mais poderosas do que ele próprio. Sua experiência trágica chega, toma posse de si e abala todo o seu ser. Sua sensação, reduzida a palavras, pode ser descrita como: "*algo* poderoso está agora presente lado a lado comigo, e *isso* é independente de mim no mesmo grau em que sou dependente *disso*." Essa sensação permanece, quer seja causada por um conflito trágico interno, como no caso dos principais conflitos de Hamlet, quer o golpe provenha de fora e seja ocasionado pelo destino, como no caso do Rei Lear.

Em suma, uma pessoa pode sofrer intensamente, mas a intensidade do sofrimento, por si só, é drama e ainda não é tragédia. A pessoa deve também sentir essa poderosa Presença de "Algo" a seu lado, antes que seus sofrimentos possam ser genuinamente qualificados de trágicos. Desse ponto de vista, não concordariam que Lear causa uma impressão verdadeiramente trágica, ao passo que Gloucester suscita uma um tanto dramática?

Vejamos agora que sentido prático tal interpretação do estado de espírito trágico pode ter para nós, atores. A investigação é extremamente simples. Tudo o que um ator tem a fazer quando prepara um papel trágico é imaginar, em todo o tempo que estiver no palco (ensaiando ou, depois, diante do público), que "Alguma coisa" ou "Alguém" *está a segui-lo*, "Alguma coisa" ou "Alguém" que é muitíssimo mais poderoso do que sua personagem ou do que ele próprio. Deve ser uma espécie de *Presença sobre-humana*! O ator deve consentir que esse espectro, fantasma ou aparição atue *através* da personagem que o inspira. Assim fazendo, o ator não tardará em realizar uma agradável descoberta, a de que não precisa exagerar seus movimentos nem suas falas. Tampouco necessita se enfurnar psicologicamente por meios artificiais ou recorrer a um *páthos* vazio a fim de conseguir grandeza, as verdadeiras dimensões de um estado de espírito trágico. *Tudo acontecerá por si mesmo.* Seu *Doppelgänger* (literalmente, o sósia), seu fantasma, estando na posse de poderes e sentimentos sobre-humanos, cuidará de tudo isso. O desempenho do ator permanecerá *verdadeiro* sem se tornar tão confrangedoramente "natural" que perca todo o seu sabor trágico e sem se tornar aflitivamente artificial por causa de excessivos esforços para "desempenhar" naquele estilo grandiloqüente que toda a verdadeira tragédia exige dele.

A espécie de *Presença* sobre-humana que o ator pressente numa dada circunstância deve ser deixada inteiramente a sua imaginação livre e criativa. Pode ser um gênio bom ou mal, feio e vingativo ou heróico e belo; pode ser ameaçador, perigoso, perseguidor, deprimente ou consolador. Tudo depende da peça e da personagem. Em algumas peças, os próprios autores tornaram essas *Presenças* tangíveis, como as Fúrias nas tragédias gregas, as bruxas em *Macbeth* espectro do pai de Hamlet, Mefistófeles no *Fausto*, etc. Mas, sejam indicadas ou não pelo autor, o ator fará bem em criá-las ele mesmo, a fim de sintonizar sua estrutura psicológica naquele tom que o habilitará a interpretar papéis trágicos. Tente fazer essa experiência e verá como se acostuma depressa à sensação de tal *Presença* a seu lado. Em pouco tempo não haverá sequer a necessidade de pensar nela. Você sentirá apenas que está capacitado para interpretar tragédias com perfeita liberdade e verdade. Jogue livremente com a *Presença* que inventou; deixe que ela o siga ou o preceda, que caminhe a seu lado ou mesmo voe acima de sua cabeça, de acordo com a missão que quer que ela cumpra.

Mas é tudo muito diferente quando você vai interpretar uma personagem num simples drama. Nesse caso, o ator deve manter-se inteiramente dentro das fronteiras de seu ego humano. Não necessita imaginar qualquer espécie de fantasma ou aparição. Todos nós estamos mais ou menos familiarizados com esse gênero de atuação. Sabemos perfeitamente bem que, desde que tenhamos preparado a personagem e permanecido verdadeiros, dentro das circunstâncias dadas, está plenamente cumprida nossa tarefa de ator para esse tipo de peça.

A comédia, por outro lado, estabelece para o ator algumas condições definidas. Nesse caso, assim como no drama, ele é de novo seu próprio eu interpretando a personagem – mas com uma característica psicológica predominante que a personagem requer. Essa característica poderá ser fanfarronice para uma personagem como Falstaff, extrema estupidez para *Sir* Andrew Ague-Cheek, presunção ou arrogância para alguma personagem como Malvólio ou falsa devoção e hipocrisia para um Tartufo. Pode ser frivolidade, timidez, amorosidade, covardia, uma alegria ou uma melancolia injustificada, ou qualquer outra qualidade requerida da (e pela) personagem. Mas, seja qual for a qualidade predominante que se escolha para uma personagem de comédia, ela deve ser interpretada com a maior verdade interior e sem a menor tentativa sequer de ser "divertida" para conseguir boas gargalhadas. O humor verdadeiro, o humor de bom gosto só pode ser conseguido sem o menor esforço, com o mais completo desembaraço e por meio de fortes irradiações. Desenvoltura e irradiações são, portanto, mais duas condições para o ator que queira desenvolver uma técnica especial no desempenho de papéis de comédia.

A desenvoltura já foi discutida com mais pormenores em nosso primeiro capítulo. Mas, no que se refere à irradiação, desejo acrescentar que, a fim de se penetrar no estado de espírito próprio da comédia, é preferível tentar irradiar em todas as direções, preenchendo cada vez mais espaço a nossa volta (todo o palco e até mesmo o auditório) com raios de felicidade e alegria – como faz naturalmente uma criança quando espera ou vivencia algum evento jubiloso! Mesmo antes de entrar no palco, inicie essas irradiações. Poderá ser tarde demais quando você já estiver no palco, porque o esforço poderá distrair então sua atenção do desempenho real do papel. Faça sua entrada em cena com essa vasta aura já reverberando a sua volta. Se seus colegas o ajudarem fazendo a mesma coisa, todo o elenco se encontrará logo envolto numa forte e cintilante atmosfera de comédia, a qual, combinada com a desenvoltura e um *ritmo rápido*, elevará seu genuíno senso de humor, assim como o dos espectadores. Desse modo você estará dando a plena medida de importância às frases e às situações humorísticas que o autor forneceu, e o efeito cômico será totalmente perfeito.

Assim, vemos que o ritmo rápido é ainda outra condição requerida pela comédia, e também esse ponto precisa ser elucidado. O ritmo rápido, se for uniforme, torna-se inevitavelmente monótono. O espectador tem a atenção entorpecida e, alguns momentos depois, começa a ter a impressão de que o ritmo da *performance* está ficando cada vez mais lento; como resultado disso, o espectador perde involuntariamente seu interesse nos atores e fica escutando apenas os diálogos. Para evitar esse desagradável efeito, essa diminuição do significado do ator no palco, o intérprete deve, de tempos em tempos, abrandar subitamente seu ritmo, nem que seja apenas por uma frase ou movimento, ou introduzir ocasionalmente uma curta mas expressiva pausa. Esses meios de quebrar a monotonia de uma *performance* em ritmo rápido agirão instantaneamente sobre a atenção do espectador, como pequenos mas agradáveis choques. O espectador, assim reanimado, estará de novo apto a deleitar-se com o ritmo vivo da *performance* e, por conseqüência, a apreciar melhor o talento e a habilidade do ator.

E agora algumas palavras sobre o desempenho clownesco.

De certo modo, o palhaço é semelhante e, ao mesmo tempo, o completo contraste do ator trágico. Um palhaço realmente grande e talentoso, tal como um trágico, nunca está só enquanto desempenha seu papel. Também ele se sente como que "possuído" por certos seres fantásticos. Mas esses são de uma variedade diferente. Se chamamos ao *Doppelgänger* do trágico um ser sobre-humano, consideremos os acompanhantes humorísticos do palhaço seres *subumanos*. Ele lhes dá acesso a seu corpo e a sua psicologia. Juntamente com os espectadores, deleita-se com as aparições extravagantes, excêntricas e grotescas desses seres através de si mesmo. O palhaço é um instrumento deles, para seu próprio divertimento e o dos outros.

Pode haver um ou muitos desses trasgos, gnomos, duendes, anões travessos, ninfas ou outra "gente boa" dessa espécie que se apossam do palhaço e nos faz sentir que ele não é inteiramente um ser humano. Mas todos eles têm de ser agradáveis, simpáticos, amoráveis, travessos, divertidos (e até eles próprios risíveis!), caso contrário suas palhaçadas tornar-se-iam repulsivas. Devem gostar de seu direito temporário de usar o corpo humano e a psicologia do palhaço para suas diabruras e truques. Encontraremos material incalculavelmente rico para a criação dessa "gente boa" na literatura dos genuínos contos populares e contos de fadas, capazes de estimular nossa imaginação.

Tenha-se também em mente a importante diferença que existe entre um cômico e um palhaço, um *clown*. Enquanto a personagem de comédia sempre reage naturalmente, por assim dizer, não importa até que ponto a personagem e a situação possam ser peculiares, ela ainda tem medo das coisas quando essas são assustadoras, ainda se indigna quando a situação requer tal emoção, e é sempre obediente à motivação. Suas transições de um estado psicológico para outro são sempre justificáveis.

Mas a coisa é muito diferente com a psicologia de um bom palhaço. Suas reações a uma circunstância em seu meio circundante são completamente injustificadas, "absurdas" e inesperadas: ele poderá mostrar-se apavorado com coisas que não dão a mínima causa para medo; poderá chorar quando esperávamos que risse ou ignorar profundamente um perigo que o põe em sério risco. Suas transições de uma emoção para outra não requerem qualquer justificação psicológica. Tristeza e felicidade, extrema agitação e completa compostura, riso e lágrimas – tudo isso poderá desfilar em sucessão espontânea e mudar como um relâmpago sem quaisquer razões visíveis.

De maneira nenhuma, entretanto, deve-se inferir que ao palhaço seja permitido ser intimamente falso e insincero! Muito pelo contrário. Ele tem de *acreditar* no que sente e faz. Tem de confiar na sinceridade de toda "gente boa" que trabalha dentro e através dele e tem de amar de todo o coração os jogos e extravagâncias peculiares dessa "gente boa".

Ainda que extrema, a arte do palhaço pode constituir um indispensável acessório para o ator que deseja aperfeiçoar todos os outros tipos de desempenho. Quanto mais a praticar, mais coragem reunirá como ator. Sua autoconfiança crescerá, e uma nova e gratificante sensação emergirá lentamente de seu íntimo. "Ah, como é fácil", dirá você, "interpretar drama e comédia depois de exercícios e experiências como palhaço!" Também o chamado *Senso de Verdade* no palco crescerá muito. Se você aprender a ser verdadeiro e sincero (que é distinto de ser natural, nesse caso) enquanto desempenha truques clownescos, não tardará a descobrir se suas interpretações pecaram ocasionalmente contra esse Senso de Verdade. A arte clownesca ensinar-lhe-á a *acreditar em tudo o que desejar*. E despertará em seu íntimo aquela eterna *Criança* que anuncia a confiança e a profunda simplicidade de todos os grandes artistas.

Essas quatro dominantes na escala de diferentes tipos de desempenho são suficientemente fortes para vibrar em sua alma criativa aquelas cordas que de outro modo permaneceriam mudas. Se você tentar exercitá-las todas sem pressa, esforçando-se por *vivenciar as diferenças* de estados de ânimo e as maneiras de se movimentar e falar que elas lhe inspiram, ficará atônito ao verificar até que ponto suas aptidões podem ser ilimitadas e que grande uso pode fazer, até inconscientemente, dessas novas capacidades de seu talento.

Use, para seus exercícios, pequenas frações de cenas dos três primeiros tipos mencionados de peças teatrais e também alguns truques de palhaço que tenha visto no circo ou inventado. Interprete-os várias vezes, um após outro, comparando sempre suas experiências com cada tipo. Depois, use ou invente qualquer pequena cena indeterminada e interprete-a alternadamente como tragédia, drama, comédia e circo, usando os meios técnicos previamente sugeridos. Muitas portas novas se lhe abrirão para as emoções humanas, e sua técnica de interpretação adquirirá maior variedade.

Resumo:
1. Fica mais fácil interpretar uma tragédia imaginando a Presença de algum ser sobre-humano.

2. O drama requer uma atitude puramente humana e verdade artística em dadas circunstâncias.

3. A comédia requer do intérprete quatro condições principais: ênfase sobre uma característica psicológica predominante da personagem, desenvoltura, fortes irradiações de qualidades alegres e felizes e ritmo rápido entremeado de momentos mais lentos.

4. O desempenho clownesco requer a Presença de seres subumanos alegres e bem-humorados.

Capítulo 10
Como abordar o papel

> Depois de todos os nossos estudos, adquirimos somente aquilo que pomos em prática.
>
> *Goethe*

Esse ponto vem sendo desde longa data objeto de considerável controvérsia em nossa profissão, sobretudo entre os atores mais conscienciosos. Parece ser de especial interesse para o ator que prefere abordar seu papel sistematicamente, a fim de economizar tempo e esforço até chegar àquele feliz momento em que está no âmago da personagem que irá retratar. Pois todos nós sabemos muito bem ser na fase *inicial* de nosso trabalho que sofremos freqüentemente incertezas e vacilações.

Como base no que estivemos discutindo até agora, existem numerosas maneiras de abordar o papel. Uma delas é por meio do uso de nossa *imaginação*; vamos supor, portanto, que escolhemos abordá-los dessa maneira.

Assim, logo que você receba seu papel, comece lendo a peça várias vezes, até estar inteiramente familiarizado com ele como um todo.

Depois, concentre-se somente em sua personagem, imaginando-a primeiro cena após cena. Em seguida, demore-se nos momentos (situações, frases, diálogos) que mais atraem sua atenção.

Continue fazendo isso até "ver" a vida *interior* da personagem, assim como sua aparência exterior. Espere até que ela desperte seus próprios sentimentos.

Tente "ouvir" a personagem falar.

Você pode ver sua personagem tal como foi descrita pelo autor *ou* poderá também ver-se *a si mesmo* desempenhando a personagem já caracterizada. Ambas as maneiras são corretas.

Comece colaborando com sua personagem, fazendo perguntas e obtendo suas respostas "visíveis." Faça suas perguntas a respeito de qualquer momento que escolher, independente da continuidade das cenas tal como dada na peça, melhorando assim alguma coisa em seu desempenho aqui, aperfeiçoando alguma coisa ali, à medida que vai passando os olhos por toda a área da personagem.

Comece *incorporando-a* pouco a pouco, com movimentos, frases e pausas.

Continue esse trabalho mesmo depois de iniciados os ensaios gerais da peça. Guarde todas as impressões que acumulou durante os ensaios no palco: seu próprio desempenho, o desempenho de seus colegas de elenco, as sugestões e marcações dadas pelo diretor, cenários, etc. Inclua tudo isso em sua *imaginação* e depois, recapitulando uma vez mais seu próprio desempenho, formule a pergunta: "Como posso melhorar este ou aquele momento?" Responda melhorando-o primeiro em sua imaginação e depois submetendo-o à prova real (trabalhando ainda em casa entre os ensaios).

Usando sua imaginação desse modo, concluirá que isso facilita seu trabalho. Também comprovará terem desaparecido muitas inibições que dificultavam seu trabalho até então. Nossas imagens *estão livres de quaisquer inibições*, porque são produtos diretos e espontâneos de nossa individualidade criativa. Tudo o que dificulta o trabalho de um ator provém de um corpo subdesenvolvido ou de peculiaridades psicológicas pessoais, como timidez, falta de confiança e medo de causar uma falsa impressão (sobretudo durante o primeiro ensaio). Nenhum desses elementos perturbadores é conhecido de nossa individualidade criativa; ela está tão livre de limitações psicológicas pessoais quanto nossas imagens estão livres de corpos materiais.

Sua intuição artística lhe dirá quando esse trabalho com a imaginação tiver cumprido seu propósito de ajudá-lo a estabelecer a personagem. Poderá então ser posto de lado. Não se apóie exclusivamente nele por tempo demais, ou pesadamente demais, como se fosse esse seu único esteio para abordar um papel. Você pode usar mais de um meio simultaneamente.

Também pode começar seu trabalho na base de *atmosferas*.

Imagine sua personagem movimentando-se e declamando suas falas nas diferentes atmosferas a dadas ou indicadas pela peça. Depois, crie uma dessas atmosferas a sua volta (como no Exercício 14) e comece atuando sob a influência dela. Atente para que seus movimentos, o timbre de sua voz e as falas que diz estejam em plena harmonia com a atmosfera que escolheu; repita isso também para as outras atmosferas.

Stanislavski costumava dizer que é uma boa coisa um ator poder "apaixonar-se" por sua personagem antes de começar a trabalhá-la. Em meu entender, em numerosos casos ele quis dizer apaixonar-se mais pelas *atmosferas* que envolvem a personagem. Muitas produções no Teatro de Arte de Moscou foram concebidas e interpretadas através de atmosferas, por meio das quais os diretores e os atores "se apaixonavam" tanto por personagens individuais quanto pela peça toda. (Peças de Tchekhov, Ibsen, Górki e Maeterlinck, densas de atmosfera, sempre forneceram aos membros do

Teatro de Arte de Moscou tais oportunidades para prodigalizarem suas afeições.)

Acontece freqüentemente que compositores, poetas, escritores e pintores comecem a fruir a atmosfera de suas futuras criações muito antes de iniciarem seu trabalho concreto com elas. Stanislavski estava convencido de que, se o diretor ou o ator, por alguma razão, não passavam por tal período de "paixão", poderiam encontrar mais tarde inúmeras dificuldades em seu trabalho numa peça ou num papel. Sem dúvida essa devoção, esse amor, poderia ser chamado o "sexto sentido" que nos habilita a ver e a sentir coisas que se mantêm obscuras para outros. (Os amantes sempre vêem mais dos admiráveis aspectos recíprocos do que as outras pessoas.) Portanto, sua abordagem do papel por meio de atmosferas dar-lhe-á uma grande oportunidade de descobrir na personagem muitas características interessantes e importantes, e nuanças sutis que, de outro modo, poderiam escapar facilmente a sua atenção.

Também pode constituir um bom começo a aplicação do que chamamos a *sensação de sentimentos* (como no Capítulo 4). Procure definir a qualidade ou as qualidades gerais e mais características do papel em que vai trabalhar. Poderá descobrir, por exemplo, que as qualidades gerais do caráter de Falstaff são a malícia e a covardia; ou que D. Quixote pode possuir a qualidade de desenvoltura combinada com as de romantismo e coragem. Poderá ver Lady Macbeth como possuidora de uma vontade forte e sinistra; Hamlet pode parecer uma personagem cujas qualidades principais são suscetíveis de ser definidas como penetrantes, indagadoras e meditativas. Joana d'Arc talvez pareça a seus olhos como impregnada das qualidades de tranqüilidade interior, franqueza e extrema sinceridade. Cada personagem tem suas qualidades penetráveis e definíveis.

Tendo encontrado a qualidade geral para a personagem como um todo, e tendo-a vivenciado como uma *sensação* de sentimento desejável, procure interpretar seu papel sob a influência dela. Interprete-o primeiro em sua imaginação, se desejar, e depois comece ensaiando-o concretamente (em casa ou no palco).

Assim fazendo, você poderá descobrir que as sensações que usa para despertar seus sentimentos genuínos não são inteiramente corretas. Se assim for, não hesite em alterá-las repetidas vezes, até se considerar inteiramente satisfeito.

Tendo escolhido certas sensações gerais para sua personagem, faça apontamentos à margem do *script*. Como resultado desse procedimento, você terá sempre um certo número de seções ou fragmentos em que seu papel inteiro será subdividido. Não faça um número excessivo de seções, caso contrário elas podem tornar-se um tanto confusas. Quanto menor for o número de fragmentos ou seções, mais úteis serão para seu trabalho prático em cima do papel que lhe coube. Serão suficientes umas dez seções para um papel teatral ou cinematográfico de tamanho médio. Ensaie sua personagem de novo, obedecendo fielmente às anotações que registrou.

Lembre-se de que as qualidades e as sensações tratadas no Capítulo 4 nada mais são do que o meio de despertar seus sentimentos artísticos. Portanto, logo que tais sentimentos sejam acordados em seu íntimo, entregue-se a eles inteiramente. Eles o conduzirão ao pleno desempenho do papel. As anotações que fez enquanto tentava descobrir as sensações corretas lhe servirão como um meio de reanimar seus sentimentos, se acaso, por alguma razão, eles se tornarem tórpidos ou mesmo desaparecem inteiramente.

Uma outra abordagem do papel é por meio de Gestos Psicológicos (GP).

Tente encontrar o GP correto para a personagem como um todo. Se não conseguir descobrir imediatamente o GP global para o papel, pode inverter o processo e recomeçar pela descoberta de GPs menores, através dos quais o principal ficará lentamente à vista.

Comece a atuar, realizando movimentos e dizendo frases na base do GP que elaborou. Se, quando aplicar um GP na prática, descobrir que ele não é inteiramente correto, deverá melhorá-lo de acordo com seu gosto e sua interpretação da personagem. A força, o tipo, a qualidade e o ritmo do GP devem ser livre e habilmente manipulados e alterados tantas vezes quantas você repute necessárias. As sugestões de seu diretor durante os ensaios, os encontros com os demais colegas do elenco e as mudanças do *script* pelo autor podem constituir outros tantos estímulos para a alteração de seu GP. Assim, mantenha-o flexível até se considerar inteiramente satisfeito com ele.

Use o GP durante todo o período de desempenho do papel, quer nos ensaios, quer nas apresentações públicas. Exercite-o antes de cada entrada no palco.

Defina o *ritmo geral* em que vive sua personagem, assim como os ritmos particulares de diferentes cenas e momentos, e pratique seu GP de novo, de acordo com esses diferentes ritmos.

Explore também seu papel com vistas à interação dos ritmos *interior* e *exterior*. Use todas as oportunidades para combinar os dois ritmos contrastantes (ver as últimas páginas do Capítulo 5).

Enquanto emprega o GP como um meio de abordagem de seu papel, aplique-o também para determinar as diferentes *atitudes* que sua personagem manifesta em relação a outras. Pensar que uma personagem permanece sempre a mesma enquanto contracena com outras personagens da peça é um erro crucial que até grandes e experientes atores cometem com freqüência. Isso não é verdade no palco nem na vida cotidiana. Como pode ter observado, somente pessoas muito mais rígidas, inflexíveis ou extremamente presumidas se mantêm sempre "elas mesmas" quando se encontram com outras. Interpretar personagens teatrais dessa maneira é monótono, irreal, e está mais próximo do teatro de marionetes. Observe-se a si mesmo e verá de que modo diferente começa instintivamente a falar, a movimentar-se, a pensar e a sentir quando se encontra com pessoas diferentes, mesmo que a mudança que os outros produzam em você seja pequena ou quase imperceptível. É sempre você *mais* outrem.

No palco, isso é ainda mais pronunciado. Hamlet mais o Rei Cláudio, e Hamlet mais Ofélia, são dois Hamlets diferentes, ou melhor, dois aspectos diferentes de Hamlet, que nada perde de sua integridade ao mostrar facetas distintas de sua rica natureza. E, a menos que seja intenção do autor apresentar uma personagem que é rígida e monótona, você deve fazer todos os esforços por descobrir as diferenças que as outras personagens produzem naquela que você está interpretando. A esse respeito, os GPs serão de inestimável ajuda.

Releia todo o seu papel e tente definir que sentimentos gerais (ou sensações de sentimentos) as outras personagens despertam na sua. Fazem-no sentir-se cordial, indiferente, frio, desconfiado, confiante, entusiástico, hostil, tímido, covarde, circunspecto ou o quê? E que *desejos* engendram no íntimo de sua personagem. Incutem-lhe o impulso de dominar, submeter-se, vingar-se, atrair, seduzir, fazer amigos, ofender, agradar, assustar, acariciar, protestar – qual deles? E não esqueça os exemplos, ao longo da peça, em que sua personagem também *muda* de atitude em relação à mesma pessoa.

Descobrirá freqüentemente que o principal GP que expressa sua personagem como um todo necessitará apenas de uma ligeira alteração para incorporar sua atitude geral em relação às outras personagens. A aplicação do GP permite a oportunidade ímpar de pintar seu papel em várias cores, tornando assim seu desempenho rico em tonalidades e fascinante de observar.

Caso deseje iniciar seu trabalho construindo a *personagem* e a respectiva *caracterização* (como se descreveu no Capítulo 6), comece seu "jogo" com o corpo e o centro imaginários, procurando traços característicos que sejam apropriados a seu papel. No começo poderá usar separadamente o corpo e o centro imaginários e combiná-los mais tarde.

A fim de adotar e adquirir fácil domínio sobre eles, sugere-se que tome seu *script* e copie todas as intervenções de sua personagem, incluindo entradas, saídas e cada movimento, por mais insignificantes que possam parecer-lhe. Depois, um por um, comece executando todos esses acontecimentos, grandes e pequenos, tentando obedecer às inspirações, sejam elas quais forem, que lhe sejam porventura dadas pelo centro ou pelo corpo imaginários, ou por ambos. Não exagere, não enfatize excessivamente a influência deles, ou então seus movimentos se tornarão artificiais. O centro e o corpo imaginários são, em si mesmos, suficientemente poderosos para mudar a psicologia e o modo de interpretar de um ator sem precisar de uma "ajuda" forçada de qualquer espécie. Se o que você sinceramente deseja é uma expressão sutil e delicada de sua caracterização, deixe que seu bom gosto e sentimento de verdade sejam guias nesse agradável "jogo" com o corpo e o centro imaginários.

Após um certo lapso de tempo, acrescente ao exercício algumas frases ligadas a seu papel; umas poucas, no início, depois cada vez mais, até que o texto de seu papel seja ensaiado na íntegra desse modo. Logo aprenderá que espécie de fala sua personagem está propensa a adotar – lenta, rápida, tranqüila, impulsiva, refletida, leve, pesada, seca, fria, cordial, apaixonada, sarcástica, veemente, amistosa, condescendente, sonora, moderada, agressiva ou serena, para citar apenas algumas espécies. Todas essas nuances de fala se lhe revelarão através do mesmo meio do corpo e do centro imaginários, se você obedecer fielmente às sugestões deles, sem ter pressa em obter resultados. Desfrute seu "jogo" em vez de se afadigar impacientemente.

Não só sua interpretação e sua fala se tornarão cada vez mais características, mas até sua caracterização será claramente visualizada por você, por meio dessa simples abordagem do papel. Toda a extensão e a profundidade da personagem se desvendarão diante de você como um panorama, *no mais curto espaço de tempo*. Mas não abandone seu "jogo" enquanto a personagem não tiver sido tão absorvida por você que já não precise mais pensar em seu corpo e seu centro imaginários.

Desde o começo de seu trabalho com a personagem, poderá também utilizar algumas das Leis de Composição que foram detalhadas no Capítulo 8. Comentários adicionais sobre o assunto apenas iriam repisar esse ponto, porquanto os exemplos e as análises das personagens do *Rei Lear* são amplamente ilustrativos de suas aplicações nesse caso.

Nesse ponto, recomendo fortemente a sua atenção os princípios sugeridos por Stanislavski para a abordagem de um papel. Stanislavski chamou-lhes *Unidades* e *Objetivos*, e encontramos descrições completas deles em seu livro *An Actor Prepares**. Unidades e objetivos são, talvez, sua mais brilhante invenção e, quando adequadamente entendidos e corretamente usados, podem conduzir o ator imediatamente para o próprio cerne da peça e do papel, revelando-lhe sua construção e dando-lhe uma base firme sobre a qual interpretar sua personagem com plena confiança.

---

* Há edição brasileira: *A Preparação do Ator*, trad. Pontes de Paula Lima, Rio de Janeiro, Civilização Brasileira, cuja 7ª ed. é de 1986. (N. do E.)

Em essência, Stanislavski disse que, para estudar a estrutura da peça e do papel, é necessário dividir uma e outro em unidades (ou seções). Aconselhou que se começasse com as grandes unidades, sem entrar em seus detalhes, e que só se subdividissem as grandes unidades em outras de tamanho médio, e em pequenas, se aquelas parecerem demasiado gerais.

Stanislavski disse ainda que o objetivo é o que a personagem (não o ator) deseja, quer; é sua meta, seu propósito. Os objetivos seguem-se uns após outros em sucessão (ou poderão sobrepor-se parcialmente).

Todos os objetivos da personagem se fundem num objetivo global, formando uma "corrente lógica e coerente." A esse objetivo principal chama Stanislavski o *superobjetivo* da personagem. Isso significa que todos os objetivos menores, seja qual for seu número, devem servir a um *único* propósito: realizar o superobjetivo (o principal desejo) da personagem.

Ainda mais adiante, disse Stanislavski: "Numa peça teatral, toda a corrente de objetivos menores, individuais (assim como o superobjetivo da personagem), deve convergir para a realização do *superobjetivo da peça inteira*, o qual é o *Leitmotiv* da produção literária do autor, o pensamento dominante que inspirou sua obra."

No intuito de denominar o objetivo, de fixá-lo em palavras, Stanislavski sugeriu a seguinte fórmula: "Eu quero ou eu desejo *fazer* isto e aquilo...", e depois segue-se o verbo expressando o desejo, a meta da personagem. Eu quero *persuadir*, eu quero *livrar-me de*, eu desejo *compreender*, eu desejo *dominar* e assim por diante. Nunca use sentimentos e emoções enquanto estiver definindo seus objetivos – como quero *amar* ou desejo *sentir-me* triste –, porque sentimentos ou emoções não podem ser *feitos*. Ou você ama ou sente-se triste, ou não*. O verdadeiro objetivo baseia-se na sua

---

* O modo de despertar seus sentimentos e emoções já foi discutido em capítulos anteriores deste livro.

vontade (de sua personagem). Sentimentos e emoções, naturalmente, acompanham seus objetivos, mas eles próprios não podem ser convertidos num objetivo. Assim, temos de lidar com um certo número de objetivos menores, assim como com os superobjetivos de cada papel *individual*, por um lado, e com o superobjetivo da peça *inteira* por outro.

Vejamos agora qual a melhor maneira de integrar esses conceitos de Stanislavski com o que discutimos neste livro.

Quanto ao processo de dividir o papel (assim como a peça inteira) em unidades, são sugeridos os princípios que apresentamos no Capítulo 8. Comece por dividir primeiro o papel ou a peça em três grandes unidades ou seções; depois, se necessário, faça qualquer número de subdivisões.

Na peça *A Morte de um Caixeiro Viajante,* de Arthur Miller, a *Primeira Unidade* para o protagonista seria assim constituída: Willy Loman, o caixeiro viajante, está cansado, sente o peso da idade, está desapontado, perturbado pelos negócios e assuntos de família. Tente fazer um inventário do que foi sua longa e estéril vida. Perde-se em reminiscências. Mas ainda não quer abandonar a luta contra o destino. Acumula forças para um novo assalto. A *Segunda Unidade*: começa a última batalha. É um caleidoscópio de esperanças, desapontamentos, breves escaramuças, pequenas derrotas, recordações alegres e dolorosas do passado. Mas o desfecho dessa batalha é apenas maior perplexidade e a destruição final de toda esperança. A *Terceira Unidade*: Willy renuncia à luta. Não tem mais energia, nenhum senso de realidade, o desânimo é total. Caminha rapidamente para a morte.

A *Primeira Unidade* para Lopakhin, uma das personagens de *O Jardim das Cerejeiras*, poderia ser esta: Lopakhin, apesar de seu caráter rude, inicia cuidadosamente e até com delicadeza sua luta com os Raniévskis; lenta e gradualmente, embora ainda comedido, torna-se cada vez mais agressivo. A *Segunda Unidade*: Lopakhin desfere seu golpe decisivo – ele compra o cerejal. Está vitorioso, triunfante, mas ainda não age contra os Raniévskis. A *Terceira Unidade*: Lopakhin passa à ação total, agora irrestrita. As cerejeiras tombam sob os golpes dos machados. Os Raniévskis são forçados a empacotar seus pertences e abandonar a propriedade. O Velho Firs, o criado senil e fiel, que é quase como um membro da família Raniévski, morre encerrado e esquecido na casa abandonada (como para mostrar simbolicamente a vitória de Lopakhin).

Em *O Inspetor Geral*, o Prefeito prepara-se para a batalha contra o Inspetor, dando instruções detalhadas a seus funcionários. Essa é a *Primeira Unidade* para a personagem do Prefeito. A *Segunda Unidade*: chega o falso Inspetor e a batalha começa. A longa, paciente e laboriosa trama do Prefeito é coroada de êxito. O perigo passou, a vitória foi garantida. A *Terceira Unidade*: a descoberta do fatal equívoco. A chegada do verdadeiro Inspetor. O Prefeito, os funcionários e as mulheres são derrotados, humilhados e aniquilados.

Tendo encontrado desse modo as três unidades principais, você pode passar ao estabelecimento de suas subdivisões, acompanhando sempre o desenvolvimento da batalha que está em curso na peça. Considere cada nova fase significativa da batalha uma unidade menor. (Mas tendo sempre presente a advertência de Stanislavski: "Quanto maiores e quanto menos numerosas as divisões, com menos terá você de lidar e mais fácil lhe será dominar o papel todo.")

Isso quanto às unidades. Vejamos agora os objetivos.

Meus comentários sobre o assunto dizem respeito principalmente aos meios e à ordem de descoberta desses objetivos. O próprio Stanislavski, quando falou das dificuldades em encontrar os superobjetivos para as personagens, admitiu ser necessário um longo e laborioso trabalho, porque, disse ele, tem de cometer-se muitos erros e rejeitar muitos superobjetivos falsos antes de se lograr descobrir o certo.

Stanislavski acrescentou que, com bastante freqüência, só *depois* de muitas representações, quando a *reação do público* se torna evidente, é que o verdadeiro superobjetivo pode ser percebido e fixado. Dessa afirmação de Stanislavski somos levados forçosamente a inferir que o ator deve contentar-se, muitas vezes, com um certo número de objetivos menores da personagem, sem saber aonde eles o conduzem.

Mas minha asserção pessoal é que, para um ator, é de suprema importância conhecer de *antemão* ou ter algum conhecimento prévio sobre a meta final dos objetivos secundários; ou seja, compreender a principal finalidade da personagem. Em outras palavras, o ator deve estar bem consciente do *superobjetivo* para o papel inteiro *desde o começo*. Pois de que outra forma poderá fundir todos os objetivos numa "corrente lógica e coerente" sem cometer erros? Parece-me que essa dificuldade seria mais facilmente resolvida se o ator conseguisse encontrar primeiro o superobjetivo de sua personagem. Após muitos anos testando a teoria, sugiro respeitosamente que esse método é mais prático, e a proposta que se segue decorre dessa convicção.

Sabe-se que cada personagem mais ou menos significativa trava um combate ao longo de toda a peça, está em conflito com alguém ou alguma coisa. Ela vence ou perde a batalha. No caso de Willy Loman, ele luta contra o infeliz destino que o oprime – e perde. Lopakhin, de *O Jardim das Cerejeiras*, luta com os Raniévskis – e vence. O Prefeito, em *O Inspetor Geral*, trava combate com o fantasma do Inspetor vindo de Petersburgo, e sofre uma derrota.

Suponha-se que ponderemos as seguintes perguntas: o que acontece à personagem, o que é que ela faz ou pretende fazer *depois* que obteve sua vitória? O que *faria* ela se vencesse sua luta, o que *deveria* fazer?... A resposta a essas e outras perguntas semelhantes (projetando-se freqüentemente para além da própria peça) pode indicar mais precisamente a troco de que esteve a personagem combatendo ao longo de toda a peça ou qual era seu *superobjetivo*. Por exemplo, como seria Willy, o caixeiro viajante, e o que faria se levasse a melhor sobre seu destino? Com toda a probabilidade, tornar-se-ia um tipo banalíssimo de vendedor, como a tendência da peça pressagia. Seu ideal seria, talvez, assemelhar-se à vida de Dave Singleman na mesma peça, que aos oitenta e quatro anos de idade ainda "batia" as praças de trinta e um estados sem sair de casa: "E o Velho Dave metia-se no quarto, calçava seus chinelos de veludo verde... nunca esquecerei – e punha-se ao telefone, falando com cada um de seus fregueses. E o caso é que com oitenta e quatro anos continuava ganhando perfeitamente sua vida sem sair de casa. Não imagina, isso para mim foi uma revelação... Daí em diante, ninguém me viesse dizer que havia melhor carreira para um homem do que a de vendedor." E se, somado a esse ideal, Willy pudesse ter um rádio, um pequeno jardim nos fundos da cozinha e "ser benquisto", ele seria inteiramente feliz. Assim o superobjetivo para ele pode ser definido como: "*Eu quero ser como o velho Dave Singleman.*" O ator tem plena liberdade, é claro, de procurar melhores superobjetivos e considerar o primeiro como apenas uma indicação da direção que ele tem de aceitar em sua busca de um superobjetivo que o satisfaça.

Examinemos agora Lopakhin com vistas ao superobjetivo. Tendo sido um servo na propriedade dos Raniévskis, Lopakhin elevou-se à posição de um "cavalheiro". Usa agora um colete branco e sapatos amarelos. Tem dinheiro mas anseia por mais. Entretanto, ainda não é capaz de superar seu complexo de inferioridade na presença dos Raniévskis. Estes ignoram-no; ele não se sente completamente livre e à vontade com eles. Sua oportunidade chegou agora, finalmente, e a vitória é dele. Derruba o cerejal, arrasa a velha propriedade, já conta seu imenso rendimento futuro. Portanto, seu superobjetivo poderia ser: "*Desejo tornar-me grande, autoconfiante e 'livre' pelo poder do dinheiro.*"

Vejamos, do mesmo modo, o caso do Prefeito em *O Inspetor Geral*. Escapou afortunadamente à punição e sente-se triunfante por sua falsa vitória. O que faz ele, o que lhe acontece? Converte-se num déspota implacável. Já humilhou seus concidadãos e pretende ser tão arrogante e autoritário em Petersburgo quanto em sua própria cidade. Seus devaneios são baixos e perigosos. Portanto, o superobjetivo do Prefeito é: "*Eu quero dominar e espezinhar tudo e todos os que estiverem em meu alcance.*"

Agora, se assim desejarmos, poderemos tentar descobrir objetivos menores para a personagem cujo superobjetivo já está desvendado ou, pelo menos, já nos foi indicado. Já não vacilaremos, como teria acontecido se começássemos buscando primeiro os objetivos menores. Daí em diante, o superobjetivo revelará todos os objetivos menores que lhe estão subordinados.

Mas, uma vez mais, insisto em que se adie o trabalho de encontrar os objetivos menores. Existe ainda um ponto de vista superior a ser atingido. Pode-se galgar ainda mais alto, até o próprio cume, do qual é possível observar toda a peça como um vastíssimo panorama, com todos os seus eventos, unidades e superobjetivo das personagens nele contidas. Esse cume é o *superobjetivo da peça inteira*.

Você encontrará o superobjetivo da peça inteira ou, pelo menos, preparará o caminho para sua descoberta se aplicar o mesmo método de fazer perguntas. Mas, dessa vez, não se dirija às personagens. Recorra diretamente ao *público*. É claro que não precisa nem deve esperar por um público real mas pode *imaginar* seu público e antever-lhe as reações futuras.

As perguntas que o ator e o diretor podem fazer a seus espectadores imaginários quando procuram o superobjetivo da peça são numerosas e variadas. De primacial importância é pedir-lhes que revelem o *resultado psicológico* que experimentam depois que caiu o pano final.

Assim, com sua mente meditativa, você pode penetrar no coração dos espectadores. Examina-lhes o riso e as lágrimas, a indignação e a satisfação, se seus ideais foram abalados ou confirmados – de fato, tudo o que levam para casa consigo após a *performance*. Essas serão as respostas do público a suas questões; elas lhe dirão melhor do que qualquer especulação erudita por que o autor escreveu sua peça e o que inspirou seu trabalho. Em suma, qual é o *superobjetivo* da peça toda.

O ator curioso poderá perguntar-se por que será necessário consultar o público imaginário. Não seria mais simples consultar diretamente o autor, estando sua peça com vistas à descoberta de *sua* idéia mestra, de *sua* concepção do *superobjetivo*? O resultado não seria, afinal, o mesmo?

Não, não seria o mesmo! Por mais fielmente que um ator ou diretor leia uma peça, trata-se ainda de sua *própria* interpretação do que o autor pretendeu dizer. E, seja qual for a intenção do autor, o que o público interpreta de sua peça é que constitui o superobjetivo decisivo. A psicologia do público difere profundamente da do ator ou do diretor, ou mesmo da do próprio autor. É mais que uma coincidência o fato de sermos freqüentemente surpreendidos pelas reações dos espectadores na noite da estréia. Por quê? Porque o público como um *todo* sente a peça com o *coração*, não com o cérebro; porque ele não pode ser desencaminhado pelos pontos de vista pessoais do diretor, ator ou autor; porque sua reação na estréia é imediata, livre de quaisquer tendências e incondicionada por influências exteriores; porque o público não analisa mas *vivencia*; porque nunca permanece indiferente ao valor *ético* da peça (mesmo quando o próprio autor pretende manter-se imparcial); porque nunca se perde em detalhes, ou evasões, mas capta intuitivamente e saboreia a própria essência da peça. Todas essas reações do público potencial nos darão uma garantia mais idônea, mais confiável, de que o pensamento dominante, a principal idéia do autor, ou o que chamamos o *superobjetivo da peça inteira*, serão encontrados como um resultado *psicológico* no grande e imparcial "coração" do público.

Vakhtangov, o famoso diretor russo, foi certa vez indagado: "Por que todas as peças que dirige e, especialmente, os inúmeros detalhes que elabora para seus atores atingem sempre o público com inconfundível sucesso?" A resposta de Vakhtangov foi aproximadamente esta: "Porque eu nunca dirijo sem imaginar um público assistindo a meus ensaios. Prevejo suas reações e obedeço a suas 'sugestões'; e tento imaginar uma espécie de público 'ideal' a fim de evitar as tentações de insipidez."

Tudo o que acabo de dizer não deve ser interpretado, de maneira nenhuma, como um convite a negar o significado e a importância da interpretação da peça pelo ator e o diretor ou tornar-se ressentidamente subserviente ao público. Pelo contrário, recomenda-se uma cooperação genuína e artística. Pois, tendo consultado o grande "coração" do público imaginário, a interpretação da peça por atores e diretores será melhor guiada e mais inspirada pela "voz" do público. Esse é um co-criador ativo da *performance*. Tem de ser consultado antes que seja tarde demais, especialmente quando se busca o superobjetivo da peça.

No começo, as experiências do público imaginário surgirão a nossos olhos como uma impressão espontânea, imprecisa e geral. Mas devemos deduzir daí todas as conclusões nítidas e específicas, formular todos os pensamentos potenciais e definir todas as emoções. Um pouco de prática com esse experimento deve tornar-nos competentes em sua execução e assegurar-nos o sentimento de que o público imaginário não nos desapontará.

Para uma visão mais profunda do "coração" do público, é necessário voltar uma vez mais a nossos exemplos com peças teatrais.

Quantos caixeiros viajantes mal sucedidos calcorreiam o país todos os dias, em todas as direções? Quantos deles um cidadão comum vê durante a vida? Dúzias e dúzias, até centenas? Alguma vez derramou uma lágrima pela "má sorte" desses vendedores na vida? Não está mais inclinado a suportá-los como um fato inevitável ou a ignorá-los? Alguma vez parou para pensar que, como uma classe e uma profissão, eles têm suas atribulações e seus infortúnios pessoais?... Entretanto, no dia 10 de fevereiro de 1949, num palco de Nova York, um modesto caixeiro viajante chamado Willy Loman agitou de súbito os corações e chocou o espírito de muita gente. As pessoas choraram, amaram, seus corações encheram-se de compaixão, elas pronunciaram o veredito: Willy, o caixeiro viajante, é bom. E quando, no final, o caixeiro viajante pôs deliberadamente fim à vida, os espectadores saíram do teatro preocupados a respeito de "alguma coisa" e foram incapazes de esquecer Willy e a peça por muitos dias.

Onde está a explicação para esse efeito? Talvez a resposta seja: "a magia da arte". É claro, sem artistas da grandeza de Arthur Miller, Elia Kazan e seu excelente elenco, nada de tão surpreendente e significativo poderia ter ocorrido. Mas o que foi que eles revelaram ao público com sua magia? Avaliemos a *performance* em retrospecto, tal como poderia ter-se refletido na mente e no "coração" do espectador. (Recorde-se que estamos procurando o possível superobjetivo da peça.)

O pano sobe e Willy, o Caixeiro Viajante, entra em cena. O público sorri com agrado. Seu primeiro e primitivo instinto teatral está satisfeito: "Como é natural, como é fiel à realidade da vida." Mas as paredes são transparentes e ouve-se uma flauta. Os *spotlights* passeiam seus raios de um lado a outro. Gradualmente, de maneira quase imperceptível, o espectador sente-se "sintonizado" de um modo algo diferente, pois vê *através* das paredes, ouve música *dentro* de algo, segue a luz que o encaminha para além de suas usuais concepções de tempo e espaço. A magia da arte começou. A percepção do espectador é agora aprofundada e alterada. Ele observa o vendedor, vê sua perplexidade e inquietação, acompanha sua mente levemente caótica.

Entretanto, de algum modo, as coisas *não* são inteiramente "naturais"; agora é esse "algo" evanescente, dentro e além, que causa a inquietação, o cansaço e a depressão de Willy. Mas em que consiste esse "algo"? Deseja ele alguma coisa de um modo vigoroso e apaixonado e não a consegue? É claro, ele quer ser "benquisto", bem sucedido nos negócios, e precisa de dinheiro para pagar as contas. Mas, subconscientemente, o espectador já não se satisfaz com essas explicações simples e óbvias; as paredes *são* transparentes e os sons de uma flauta *ainda chegam* de algum lugar. Willy é simpático, é bom. Então, o que se esconde *atrás* da ânsia de dinheiro, de sucesso, de ser "benquisto"? Seja o que for, também deve ser bom, para cunhar um silogismo. Linda, sua mulher, ama-o e adora-o. Por que sua necessidade de dinheiro?

Quanto mais atentamente o espectador observa a seqüência de cenas, mais penetrante se torna sua mente, mais sensível seu coração, e mais nítida e forte cresce a suspeita de que esse vendedor, com seu patético destino, não é um ser real. Talvez seja apenas uma máscara para alguma outra pessoa. Linda, Biff e Happy são reais; nada escondem *dentro* de si, são o que são, nada existe a conjeturar, a suspeitar *por trás* deles. De fato, seria estranho e "antinatural" se eles, como Willy, a quem cabe essa prerrogativa, rompessem as fronteiras do tempo e do espaço. Mas somente a Willy é permitido que seja uma outra pessoa, envergando a máscara de um caixeiro viajante. E a máscara parece torturar Willy.

Em breve a máscara começa torturando o próprio espectador. Ele quer livrar-se dela, libertar-se do "caixeiro viajante." Começa percebendo que a intranqüilidade de Willy promana do mesmo desejo, que também ele combate sua máscara, luta pela liberdade, tenta arrancá-la de seu rosto, de sua mente e de seu coração, de todo o seu ser. Mas Willy está irremediavelmente cego, ignorante e inconsciente de sua própria luta. Quanto mais a peça progride, mais transparente a máscara se torna e, de súbito, o espectador percebe que um "Homem", um valioso ser humano, está aprisionado e agrilhoado *dentro* e *para além* do "caixeiro viajante." A verdadeira tragédia começa a ser evidente. O "caixeiro viajante" flagela, tortura o "Homem" e impele-o cada vez para mais perto do desfecho fatal. É o "Homem", não seu sósia perverso, que preocupa o espectador: "Willy, desperta! Pára de recriminar o destino fora de ti", anseia o coração do espectador por gritar. "Culpa a pior parte dele que está *dentro* de ti. O 'caixeiro viajante' é teu destino sombrio", adverte-o. Mas é tarde demais. Willy renuncia à luta. É noite. Com a enxada na mão, a escuridão envolvendo-o, Willy planeja o jardim nos fundos da cozinha. É o derradeiro grito de protesto do "Homem" prestes a sucumbir. Ouve-se o ruído do motor do automóvel... Willy mata o "caixeiro viajante" e o "Homem".

O pano cai. O *resultado psicológico* da última batalha começa a amadurecer na mente do espectador. E talvez até diga a si mesmo: "Na verdade, em toda a história humana nunca houve uma época em que a 'máscara' do caixeiro viajante fosse tão ameaçadora e poderosa quanto na nossa. Se não sondarmos e recordarmos o que está *por trás dela*, crescerá e desenvolver-se-á como um tumor maligno."

É uma tragédia tipicamente americana, e uma tragédia humana. É uma advertência vital que o autor nos faz por meio de sua criação. O superobjetivo da peça, que se tornou manifesto na alma do espectador de um modo não muito diverso desse delineamento, embora talvez não articulado, pode resumir-se assim: *"Aprenda a discernir o 'caixeiro viajante' do 'Homem' que existe dentro de si e tente libertar o 'Homem'."*

O Jardim das Cerejeiras fornece-nos um segundo exemplo e um outro tipo de superobjetivo.

Desde o começo, o espectador dá-se conta de que a principal personagem da peça é o próprio jardim das cerejeiras. É velho, belo, imensamente vasto, famoso e, segundo a peça, até mencionado na Enciclopédia. A batalha trava-se em torno dele, mas é uma espécie peculiar de batalha, na qual ninguém realmente defende o cerejal. Lopakhin luta contra sua existência. Os Raniévskis – rebotalho inútil, degenerado e pusilânime da *intelligentsia* – escondem as cabeças na areia; sua resistência é débil e improfícua. Ánia, a filha, sonhando com algum futuro deslumbrante, vive nas nuvens. Os empregados e os servos da família ou são hostis ou indiferentes ao Jardim das Cerejeiras, com sua velha beleza. E, no entanto, ele aí está e floresce, embora indefeso.

A simpatia do espectador vai toda para ele. Ama-o como se pode amar a beleza de um antigo monumento; ele mesmo quer defendê-lo, despertar as pessoas adormecidas, sacudi-las de sua indiferença. A sensação de profunda impotência apodera-se lentamente do espectador. Observa Lopakhin avizinhando-se cada vez mais da posse do cerejal. Lágrimas enchem os olhos do espectador, e a sensação de cansaço e fragilidade torna-se quase insuportável. Ouvem-se distantes golpes de machado derrubando as árvores. É o fim. Cai o pano. O público deixa o teatro profundamente comovido com a "morte" de uma personagem inanimada que assumira qualidades de um ser vivo: o alvinitente Jardim das Cerejeiras. O público quer dar voz a seu protesto: *"Preservem a melhor parte do passado, para que não caia vítima do machado dos poderes que estão sempre a postos para construir seu futuro."* Esse poderia ser o superobjetivo de *O Jardim das Cerejeiras*.

Vejamos o terceiro exemplo.

Desde o instante em que sobe o pano, o público que assiste a *O Inspetor Geral* tem muitas razões para estar feliz e alegre. Os tão detestados funcionários cometem um erro em cima de outro. Encostados contra a parede, cegos de medo, travam sua batalha contra o falso inimigo. O Mal combate o Mal, perdendo tempo, desperdiçando argúcia e dinheiro. O Bem só participa nessa batalha já no final da peça, mas o público sabe que ele está chegando e aguarda ansiosamente seu golpe esmagador contra um Mal que se consumiu em ardis inúteis. Quanto mais o Prefeito se ufana de um imerecido orgulho por sua vitória espúria, com mais veemência o espectador anseia por uma justa vingança. E quando o Bem finalmente aparece e em dois golpes sucessivos (a carta pelo falso Inspetor e a chegada do verdadeiro Inspetor) varre o Mal, o público sente-se recompensado, agradecido e triunfante. Pois os habitantes da pequena cidade, perdida e oprimida numa vasta nação, foram resgatados finalmente. Mas, para o espectador, essa cidade é apenas um microcosmo, um símbolo. A nação inteira está irremediavelmente tolhida nas teias aranhosas tecidas por todas as espécies de "Prefeitos." O público excitado, cuja vontade foi instigada e seu senso de decência triturado até a medula, reflete a intenção do autor: *"O país deve ser salvo do cruel despotismo e do poder absoluto das hordas de funcionários desprezíveis! Eles são, com freqüência, mais perniciosos e desapiedados do que os altos funcionários!"*

Diga-se de passagem, na estréia de *O Inspetor Geral* esse sentimento do público foi, num momento vulnerável, admiravelmente resumido por um dos espectadores, quando exclamou: "Todos tiveram seu castigo e, mais do que todos... eu!" Essa foi a voz do maior de todos os "Prefeitos" – a voz de Nicolau I. Apesar de sua natureza fria e cruel, o czar tinha compreendido muito bem o superobjetivo da peça, não menos do que seus súditos.

E esse é o modo como o ator e o diretor podem usar o recurso do público imaginário para chegar ao superobjetivo da peça muito antes que o público real encha o teatro.

Uma vez mais, solicitamos ao leitor que tenha presente o fato de que as interpretações dadas em todos os meus exemplos nunca têm a intenção de impor um arbítrio artístico. Meu único propósito é sempre ilustrar o método e de maneira nenhuma restringir a liberdade criativa de qualquer ator ou diretor talentoso. Pelo contrário, para bem de sua arte, é exortado a ser tão original e inventivo quanto seu talento e suas intuições lhe permitirem.

Tendo encontrado, ainda que apenas aproximadamente, os superobjetivos da peça inteira e de personagens individuais, você poderá passar para os objetivos de tamanho médio e menores. Mas nunca tente discernir qualquer objetivo com sua mente racional. Esta pode deixá-lo frio. É possível que o *conheça*, mas não o *deseje* ou não o *queira*. Poderá permanecer em sua mente como uma manchete, sem instigar sua vontade. O objetivo deve ter suas raízes no ser todo e não na cabeça apenas. Suas emoções, sua vontade e até seu corpo devem estar inteiramente "cheios" com o objetivo.

Procure perceber o que realmente acontece em sua vida cotidiana quando alimenta um certo desejo, objetivo ou meta que não pode ser imediatamente satisfeito. O que se passa em seu íntimo enquanto é compelido a esperar até que as circunstâncias lhe permitam satisfazer seu desejo ou realizar seu objetivo? Não está *interiormente realizando-o de forma constante com todo o seu ser?* A partir do próprio momento em que o objetivo se concebe em sua alma, você é "possuído" por uma certa atividade interna.

A título ilustrativo, pense no desejo de querer consolar alguém em dificuldades e, sendo incapaz de fazê-lo, dizendo simplesmente: "Não se preocupe, tranqüilize-se", você precisa de dias e dias para realmente realizar seu objetivo. Nesse meio tempo, você permanece estático? Não é nada provável. Descobrirá que *em todo esse tempo* interveniente teve a sensação de estar *consolando constantemente* a pessoa em apuros, estando em sua presença ou não. Mais do que isso, "vê", por assim dizer, essa pessoa como se já tivesse sido consolada por você (a despeito de quaisquer dúvidas que tenha sobre se a pessoa pode ser realmente consolada). O mesmo podemos dizer em relação ao teatro. Se você não se sente "possuído" pelo objetivo, pode estar certo de que, em menor ou maior grau, ele permanece ainda em sua *mente* e não em *todo o seu ser*, de que ainda o está *pensando* e não verdadeiramente *desejando-o*. Essa é a razão pela qual tantos atores cometem o erro de esperar, interiormente passivos, pelo momento da peça em que o autor lhes permite realizar o objetivo. Digamos que o objetivo principia na página dois do *script* e sua realização não ocorre antes da página vinte. O ator que não absorve inteiramente o objetivo, que não o deixa impregnar toda a sua psicologia e seu corpo, é compelido a aguardar passivamente até a página vinte para realizá-lo. Atores mais conscienciosos, sentindo que o objetivo não está funcionando de forma apropriada, tentam repetir mentalmente: "Eu quero consolar... eu quero consolar..." Mas isso tampouco adianta, porque essa repetição mental é apenas uma espécie de atividade da cabeça incapaz de estimular a vontade.

O objetivo, convertido num GP que instiga o ser inteiro e o ativa, pode ajudá-lo a superar essa dificuldade. Um outro método seria *imaginar* sua personagem (desde essa hipotética página dois até a página vinte) como estando "possuída" pelo objetivo. Sonde atentamente a vida interior dela (ver Exercício 10) até despertar um estado psicológico análogo em você mesmo ou use as *sensações* que examinamos para despertar seus sentimentos.

Um resumo final das principais sugestões para Abordar o Papel na fase inicial de seu trabalho:

Por mais consciencioso que você ou seu diretor possam ser, não é necessário usar *todos* os meios disponíveis de uma só vez. Pode escolher aqueles que mais o atraem ou aqueles que lhe propiciam os melhores e mais rápidos resultados. Não tardará a notar que alguns são mais adequados para um papel e alguns para um outro. Faça suas escolhas livremente. Com o tempo estará apto a experimentar todos eles e talvez a usá-los com igual facilidade e êxito; mas não se sobrecarregue com mais do que o necessário para o desempenho ótimo de seu papel. O método deve, acima de tudo, *ajudá-lo* e tornar seu trabalho agradável; se for adequadamente usado não o fará, em circunstância nenhuma, árduo e deprimente. Pois o trabalho de ator deve ser sempre um motivo de júbilo e nunca um trabalho forçado.

Capítulo 11
Notas finais

É inevitável que se pergunte, a quem quer que tente organizar e coordenar uma série de conceitos histriônicos, por que um ator *talentoso* necessita realmente de um método. É uma daquelas perguntas que só podem ser respondidas com outras. Por que um homem civilizado necessita de uma cultura? Por que uma criança inteligente precisa de uma educação?

Com o risco de redundância, atrevo-me a reiterar que toda arte, mesmo a do ator, deve possuir seus princípios e aspirações, suas técnicas profissionais.

Como refutação, ouviremos freqüentemente os atores protestarem: "Mas eu tenho minha *própria* técnica." A afirmação seria mais correta se reformulada nestes termos: "Eu tenho minha própria *interpretação*, minha própria aplicação da técnica geral." Mas seria desnecessário dizer que músicos, arquitetos, pintores, poetas ou quaisquer outros artífices não podem ter somente suas próprias técnicas sem estudar primeiro as leis básicas de suas respectivas artes.

Inevitáveis são as regras em que eles devem, em última instância, basear a construção de suas técnicas "próprias", as quais os individualizam, se é que não os notabilizam em suas profissões.

Por mais naturalmente talentoso que o ator possa ser, ele nunca criará grande coisa para sua arte ou legará seus próprios dons à posteridade teatral se se isolar nessa pequena cela de sua "própria técnica" e de seus estratagemas. A arte de interpretação teatral só pode crescer e desenvolver-se baseada num método *objetivo*, com princípios fundamentais. O grande número de preciosas memórias e observações que nos foram legadas pelos "nomes" de ontem na arte de representar não estão sendo aqui minimizadas como valioso material para a criação de um método. São, porém, subjetivas e, por conseguinte, limitadas em seu âmbito. O método ideal de qualquer arte deve ser um todo bem integrado, completo em si mesmo; e, sobretudo, deve ser objetivo.

Aqueles colegas nossos que resolutamente se recusam a reconhecer qualquer método apenas porque são talentosos talvez necessitem de um mais do que ninguém. Porque, talentosos, a chamada "inspiração" é o mais caprichoso de nossos dotes. O ator talentoso é a mais provável vítima de todas as espécies de infortúnios profissionais. Ele não tem um terreno sólido sob os pés. A menor irritação psicológica de um momento, um estado de ânimo infeliz ou qualquer perturbação física podem tornar seu talento inacessível e bloquear o canal para a verdadeira inspiração. Um método com uma técnica bem fundamentada é a melhor garantia contra tais percalços. O método, quando suficientemente exercitado e adequadamente assimilado, torna-se a "segunda natureza" do ator talentoso e, como tal, fornece-lhe pleno controle sobre suas capacidades criativas, aconteça o que acontecer. A técnica *é* seu meio infalível de instigar seu talento e fazê-lo trabalhar sempre que deseje invocá-lo; é o "Abre-te, Sésamo!" para a verdadeira inspiração, independente de barreiras físicas ou psicológicas.

Em diferentes momentos, a inspiração, quando chega e se chega, mostra distintos graus de força. Pode estar presente mas ser fraca e ineficaz. Também nesse caso a técnica pode robustecer a força de vontade do ator, despertar suas emoções e instigar sua imaginação em tal grau que a centelha quase apagada da inspiração subitamente se alteie numa labareda e fique ardendo fulgurantemente por tanto tempo quanto o ator desejar.

Suponhamos que, por alguma razão, um ator sente que seu talento se tolda à medida que a *performance* se avizinha. Ele não precisa ter semelhante receio se sua técnica for perfeitamente dominada. Em primeiro lugar, um papel é preparado e elaborado em todos os detalhes de acordo com o método, e o ator sempre o interpretará *corretamente*, mesmo que não se sinta tão "inspirado" quanto gostaria de estar. Pois ele terá sempre a seu dispor uma espécie de *blueprint* de seu papel e, assim, não ficará cambaleando sem rumo nem será compelido a recorrer a chavões e maus hábitos teatrais. Será capaz, em qualquer momento, de observar o papel todo e cada um dos detalhes como numa perspectiva aérea e, com calma interior e segurança, passar de uma seção a outra e de um objetivo a outro. Foi Stanislavski quem observou que um papel corretamente desempenhado tem a melhor oportunidade de recuperar uma inspiração esquiva.

Há ainda uma outra razão para um ator talentoso reconhecer o valor de uma técnica objetiva.

Poderes criativos ou positivos na natureza de um artista devem sempre combater e contrariar aquelas influências negativas que, embora obscuras e, por vezes, inteiramente desconhecidas dele, constantemente embaraçam seus melhores esforços. Esses numerosos obstáculos negativos incluíram um complexo de inferioridade ou uma megalonia suprimidos, desejos egoístas inconscientemente misturados com propósitos artísticos, medo de cometer erros, medo irreconhecido do público (e, com freqüência, até aversão a ele), nervosismo, ciúme ou inveja encobertos, exemplos ruins e aparentemente esquecidos e um hábito irrefreável de criticar e pôr culpas nos outros. Essas são apenas algumas das coisas que, com o tempo, podem acumular-se no subconsciente de um ator como "lixo psicológico" até se converterem em males perniciosos que o levem a sua própria destruição.

Usando o método e a técnica *objetivos*, o ator reunirá em si mesmo um grande número de qualidades sólidas e libertadoras, as quais certamente deslocarão todas as influências destrutivas que espreitam obscuramente nos mais sombrios recessos do subconsciente. Aquilo a que chamamos usualmente "o desenvolvimento do talento pessoal" nada mais é, com freqüência, do que *libertá-lo* das influências que o estorvam, obstruem e não raras vezes destroem inteiramente.

O método, quando entendido e aplicado, inculcará no ator um hábito sumamente gratificante de *pensamento* profissional, quer esteja avaliando o trabalho criativo de seus colegas, quer o seu próprio. Ele deixará de se dar por satisfeito com termos gerais como "natural", "coloquial", "pretensioso", "bom", "mau"; ou com expressões como "subatuação", "superatuação", etc. Em contrapartida, desenvolverá uma linguagem profissional mais significativa e tornar-se-á mais familiarizado com termos mais profissionais, como Unidades, Objetivos, Atmosferas, Irradiar e Receber, Imaginação, Corpo Imaginário, Centro Imaginário, Ritmos Interior e Exterior, Clímax, Acentos, Ondas Rítmicas e Repetições, Composição das Personagens, Gestos Psicológicos,

Conjunto, Qualidade, Sensações, etc. Essa terminologia concreta não só substituirá seu atual vocabulário vago e inadequado mas aguçará a capacidade do ator de captar impressões teatrais, treinará sua mente para penetrar nessas impressões com suficiente profundidade, de modo que saiba imediatamente o que está errado ou certo, por que razão e por que meios aperfeiçoar seus próprios desempenhos e os de seus colegas. A crítica tornar-se-á então verdadeiramente objetiva e construtiva; simpatias ou antipatias pessoais deixarão de desempenhar o papel decisivo que hoje têm na avaliação da arte histriônica, e os atores sentir-se-ão livres para se ajudar mutuamente, em vez de meramente tecerem elogios descoroçoados ou condenações malévolas.

O ator, sobretudo o talentoso, tampouco deve esquecer o fato de que a técnica profissional sugerida facilitará e apressará, em todos os casos, seu bom trabalho. O tempo consumido em adquiri-la certamente se converterá num investimento lucrativo pelo seu resultado final! Sempre que me perguntam se existem caminhos mais curtos para se aprender o método, não posso deixar de advertir que o mais curto de todos os caminhos curtos é fazer todos os exercícios prescritos com diligência e paciência, até que se tornem a segunda natureza do ator.

Um modo simples de persuadir a relutância ou a impaciência íntima de um ator poderá ser criar uma visão baseada no método, uma visão de si próprio como *já* tendo adquirido todas as técnicas, como já estando na posse de todas as novas capacidades e aptidões prometidas pelos exercícios. Tal visão agirá espontaneamente no íntimo do ator, acenar-lhe-á e seduzi-lo-á constantemente, desde que ele não extenue nem desencoraje essa visão, projetando-a num futuro longínquo. Se exercitado de forma adequada e invocado desse modo, o método insuflará no ator o sentimento de que sempre o conheceu e sempre o praticou, mas talvez não estivesse tão consciente disso quanto agora. A razão para pensar que a meta está tão distante e é tão difícil de atingir, se é que realmente pensa isso, estará então fadada a dissipar-se. A visão sugerida facilitará e apressará a absorção da técnica, o que, por sua vez, facilitará e apressará o trabalho profissional.

Gostaria ainda de citar uma outra razão válida para a aceitação do método.

No processo de apreensão de todos os seus princípios através da prática, o ator não tardará a descobrir que eles foram planejados a fim de tornar seu trabalho criativo cada vez mais livre e de dar uma amplitude cada vez maior às suas atividades. Pois foi justamente assim que o processo nasceu – não como fórmula matemática ou mecânica, posta num gráfico e calculada em papel para futuros testes, mas como um "catálogo" organizado e sistematizado de condições físicas e psicológicas requeridas pela própria *intuição criativa*. O principal objetivo de minhas explorações foi encontrar as condições que pudessem melhor e invariavelmente despertar no ator aquele evanescente fogo-fátuo conhecido como inspiração.

Além disso, numa época como a nossa, em que a tendência da vida, do pensamento e dos desejos é tornarem-se cada vez mais materialistas e insípidos, a ênfase recai, infelizmente, sobre as conveniências físicas e a padronização. Em semelhante época, a humanidade é propensa a esquecer que, para progredir culturalmente, a vida e, em especial, as artes devem impregnar-se de toda a sorte de poderes e qualidades *intangíveis*; que aquilo que é tangível, visível e audível constitui apenas uma pequena parte do que são nossas condições ótimas de existência e não tem grandes direitos à posteridade. Receosos de abandonarmos o chão firme sob nossos pés, ecoamos eternamente: "Sejamos práticos!" Receosos de nos aventurarmos e ascendermos artisticamente a grandes alturas, afundamos cada vez mais depressa no chão a que nos agarramos. E depois, notemo-lo ou não, e talvez tarde demais, cansamo-nos de ser "práticos"; sofremos colapsos, corremos para psicanalistas, buscamos ansiosamente panacéias e estímulos mentais ou procuramos escapar periodicamente para emoções baratas, sensações superficiais, modas que mudam rapidamente, diversões passageiras e até drogas. Em suma, pagamos caro por nossa recusa em reconhecer a necessidade de equilibrar saudavelmente os tangíveis práticos com os intangíveis artísticos. E a arte é uma esfera que sofre agudamente e com a maior facilidade em resultado desse desequilíbrio. Ninguém pode expirar sem inspirar. Ninguém pode ser verdadeiramente "prático" agarrando-se simplesmente ao chão e recusando-se a ser fortalecido e elevado pelos intangíveis aparentemente "inviáveis" que são básicos para o espírito criativo e que constituem uma espécie de "inalação" psicológica.

Considerando nossos princípios de desenvolvimento artístico desse ponto de vista, fornecem-nos eles os meios para nos mantermos firmemente no chão e, contudo, elevarmo-nos acima dele para algo mais duradouro? O ator pode facilmente provar isso para si mesmo com alguns exemplos. Veja-se, por exemplo, o sentimento de Conjunto. Pode-se tocá-lo, vê-lo ou ouvi-lo? Entretanto, é um dos fortes poderes *intangíveis* que se pode fazer existir no palco tão concretamente quanto os corpos dos atores ou seus movimentos visíveis e vozes audíveis, tão realisticamente quanto os cenários e suas formas e cores. O que são Atmosfera, Irradiações e todas as Leis de Composição senão intangíveis tangíveis? O que é a sutil habilidade do ator para improvisar, para apreciar o *como* do desempenho mais do que o *quê*? O que é o poder extra-sensorial que ele conscientemente gera e usa enquanto atua e no qual pode confiar quando realiza seu Objetivo corretamente, ou mediante o qual consubstancia sua *presença psicológica* no palco, essa valiosa e indiscutível presença que nunca pode ser tão convincentemente materializada por nenhum meio tangível conhecido?

Adicione alguns itens mais para sua recapitulação. O que é a aura de fantasia artística que rodeia um ator que, enquanto trabalha em seu papel, passa por um período de imaginá-lo, antes de lhe dar prematuramente forma e aparência tangíveis? O que é que sobrepõe qualidades como Desenvoltura, Forma, Beleza ou o senso de Integridade? O que está subentendido no divertido "jogo" de Centros e Corpos Imaginários? Ou a busca de toda a espécie de contrastes com que dá relevo e variedade a seu papel e à *performance* toda? O que é o Gesto Psicológico, esse amigo, guia ou, se se desejar, o "diretor invisível" que nunca abandona e nunca trai o ator mas, pelo contrário, o acompanha e o inspira constantemente? Não *sente* o espectador a existência dessas coisas, ainda que ignore o que elas sejam, se o ator tiver êxito em dar-lhes vida a partir de seu próprio íntimo?

Não há um só exercício nesse método que não sirva a dois propósitos ao mesmo tempo: colocar o ator ainda mais firmemente num terreno prático e proporcionar-lhe um sólido equilíbrio entre tangível e intangível, entre exalar e inalar, e assim o resgatar de banalidades e da sufocação artística.

Até onde chegam meus conhecimentos, a história teatral registra a existência de apenas um método expressamente postulado para o ator – o que foi criado por Constantin Stanislavski (e, lamentavelmente, muito incompreendido e, com freqüência, mal interpretado). Seja este livro, pois, um outro esforço na direção de um melhor teatro através de uma melhor técnica de representar. Ofereço-o como tentativa humilde mas veemente de colocar à disposição de meus colegas algumas idéias e experiências sistematicamente organizadas para incutir certa ordem e inspiração em nosso trabalho profissional. "Organize e ponha por escrito seus pensamentos a respeito da técnica de representar", disse-me Stanislavski. "É seu dever e o dever de quantos amam o teatro e zelam devotadamente por seu futuro." Sinto-me obrigado a transmitir essas palavras inspiradoras a todos os meus colegas, na esperança de que pelo menos alguns deles também formulem e organizem, humilde mas corajosamente, seus pensamentos enquanto tentam descobrir princípios e leis objetivas para o aperfeiçoamento cada vez maior de nossa técnica profissional.

Capítulo 12
Exemplos para improvisação

Incluídos neste capítulo estão vários tipos de pequenas histórias, enredos, situações e incidentes preparados para utilizar e testar o que o ator ou o diretor o colheu do método tanto em várias fases de seu progresso quanto no final de seus estudos. Podem ser usados com igual vantagem para exercícios sobre Atmosferas, Objetivos, Caracterização, Qualidades ou qualquer dos outros componentes de que tratamos antes.

Nem todos são originais nem precisam ser; o grupo pode selecionar material de qualquer literatura existente e adaptá-lo a suas necessidades específicas ou até inventar novas idéias para improvisação. Tampouco se destinam, é claro, à *performance* pública, exceto, talvez, como demonstrações de eficácia do método ou para ilustrar as progressivas diferenças em sua aplicação, à medida que o grupo avança passo a passo.

O elenco ou o número de personagens em cada uma dessas improvisações depende naturalmente do tamanho do grupo que participa no exercício.

Finalmente, em todas as improvisações, *convém evitar o uso de palavras desnecessárias.*

1. Os salteadores

Numa fronteira deserta entre dois países estrangeiros existe uma pequena e desolada estalagem. É inverno e a noite está borrascosa e gélida.

A sala principal, parcamente iluminada e densamente enfumaçada, está suja e em completo desalinho; o chão está juncado de pontas de cigarros e a longa e nua mesa é um amontoado de restos fétidos de comida e bebida.

Espalhados pelo recinto e entregues a vários passatempos estão muitos homens e mulheres de diversas idades. Na fisionomia, na atitude e na indumentária, são tão sombrios e hostis quanto o ambiente. Alguns estão jogados pelos cantos com expressão de tédio, outros caminham de um lado para o outro à toa e ainda outros jogam carteado; um pequeno grupo entrega-se, em meio a imprecações chulas, a um bate-boca fútil que nunca se preocupam em dar por terminado, enquanto outros manifestam seu fastio assobiando entre dentes.

E, no entanto, é evidente que eles estão inquietos e aguardam alguma coisa. De tempos em tempos, um ou outro olha de soslaio para a janela ou, fazendo sinal de silêncio às vozes mais elevadas, entreabre uma fresta da porta para escutar.

A atmosfera de expectativa fica mais tensa de minuto a minuto, pois as personagens assim descobertas são um bando de salteadores protegidos por uma vasta organização internacional do crime. São especialistas em assaltar os prósperos comerciantes que transportam suas preciosas mercadorias de um lado para o outro da fronteira vizinha. Foram alertados de que nessa noite uma valiosa carga cruzará a fronteira e, por causa da tempestade intransitável e da grande distância até a aldeia mais próxima, os comerciantes serão forçados, sem dúvida, a procurar abrigo na estalagem até romper o dia.

De súbito, o cabecilha do grupo, que parece menos sinistro do que o resto, emite um longo assobio característico. Todos se imobilizam e apuram o ouvido, enquanto o chefe vai até a porta e confirma o som de uma caravana que se aproxima.

Então, a um sinal dele, se tudo transformam como por magia: uma vassoura limpa o lixo do chão e joga-o na chaminé da lareira; a mesa é desobstruída de restos e coberta com uma toalha; os móveis mudam de lugar e a sala é arrumada; acendem-se mais velas e uma é colocada convidativamente na janela; o fogo na lareira é amistosamente avivado. Os homens desmazelados vestem casacões e outras vestimentas características dos camponeses da região; as mulheres desgrenhadas penteiam os cabelos e jogam sobre os ombros nus respeitáveis xales. A mais velha das mulheres senta-se numa cadeira de rodas junto à lareira e cobre as pernas com um agasalho de lã. E, como toque final, uma grande Bíblia materializa-se na cabeceira da mesa, aí colocada pelo líder do bando, que usa agora óculos escuros e boné de viseira.

Vozes aproximando-se não tardam a se fazer ouvir nos bastidores, e três homens de aspecto menos tenebroso são instruídos para sair e guiar os viajantes até a estalagem. Os outros atarefam-se nos afazeres normais de preparação da ceia da família.

Daí a pouco, os três salteadores-emissários regressam, precedendo um grupo pesadamente carregado, pesadamente enroupado e abrigado de comerciantes. Os viajantes estão cobertos de neve e indicam estar incomodamente enregelados. A mais bonita das moças avança para saudá-los; ajudam os viajantes a desembaraçar-se de seus pesados abrigos, enquanto os três guias os ajudam a empilhar suas bagagens e fardos de mercadorias.

Agora, o chefe do bando dá as boas-vindas aos comerciantes e convida-os para a mesa, dizendo que, embora não passem de uma humilde família de estalajadeiro, com uma esposa inválida, há comida e vinho suficientes para todos os que desejem compartilhar da ceia.

Os hóspedes apressam-se em arranjar lugar à mesa. Começam a aparecer travessas de comida e garrafas de vinho, e uma bandeja é até levada para a mulher "inválida" junto à lareira. Mas, antes que seja permitido que alguma coisa passe pelos lábios dos comensais, o anfitrião abre reverentemente a Bíblia e lê dela uma passagem virtuosa.

Imediatamente depois os viajantes lançam-se à comida com sofreguidão, e as moças que os servem apressam-se em dar-lhes mais vinho, enchendo-lhes rapidamente os copos mesmo que ainda estejam pela metade. Essa solicitude não passou despercebida aos comerciantes. É evidente que o vinho servido às pessoas de casa não é despejado das mesmas garrafas, e pelo efeito aparentemente rápido que exerce sobre os hóspedes é óbvio que o vinho que lhes é oferecido foi drogado.

Lentamente, quase imperceptivelmente, a atmosfera de recato, devoção, cordialidade e conforto muda para uma atmosfera de jovial contentamento, depois alegria e, finalmente, abandono. Os hóspedes parecem agora completamente ébrios e folgazões, com os membros do bando encorajando a farra. As moças, tendo identificado os homens mais receptivos a seus encantos, estimulam-nos e flertam com eles; e, gradualmente, os salteadores retiram-se para o fundo ou parecem passivos e indiferentes. Mas um dos homens pega num acordeão e começa a soprar as chamas com melodias provocativas.

Num abrir e fechar de olhos, armou-se uma orgia de dança e cantoria, com as moças imprimindo cada vez maior ritmo à música e maior excitação a seus parceiros. Obviamente, a tática consiste em entorpecer os comerciantes até a exaustão e é bem-sucedida, pois a atmosfera não tarda a explodir numa desenfreada bacanal. Quando os homens parecem cansar, as moças jogam-se voluptuosamente em seus braços, atraem-nos com violentas práticas amorosas e servem-lhes mais e mais vinho, que os comerciantes fingem beber e cospem com suposta embriaguez, ao mesmo tempo que se livram ardilosamente das garrafas de potente vinho espalhadas sobre a mesa. E, de acordo com o plano, um por um os comerciantes sucumbem, caindo no sono ou cambaleando de um lado para o outro, como se estivessem inconscientes. A música decresce para um *pianissimo*.

Assim que todos os comerciantes parecem indefesos, aquele assobio característico do chefe soa de novo. Imediatamente todos os membros do bando entram em ação, incluindo o chefe e a mulher inválida. Dessa vez, eles são felinos e furtivos em seus movimentos, espantosamente hábeis tanto na exploração dos bolsos dos comerciantes, em busca de carteiras, relógios e jóias, quanto em revolver as malas e fardos de mercadorias, para extrair os objetos mais valiosos. O produto da pilhagem, rapidamente passado para as mãos do chefe e enfiado em sacos, é considerável.

De súbito, ouve-se um outro assobio, diferente dos dois que o precederam. Esse tem a estridência e autoridade de uma ordem policial. O bando de salteadores fica perplexo. Instanteamente, os comerciantes voltam à vida, como que por milagre, e cada um deles, como se tudo tivesse sido previamente planejado, cai sobre o ladrão mais próximo. Segue-se uma ruidosa briga, com cadeiras quebradas, pratos e garrafas voando... Os salteadores são finalmente dominados e algemados, e as mulheres, acovardadas, submetem-se sem dificuldades. O comerciante de menor estatura abre então a porta e faz soar seu apito de policial na noite escura. Em resposta, ouve-se pôr em marcha um motor e um camburão avança em direção à estalagem. O comerciante-detetive posta-se diante dos criminosos e anuncia-lhes que estão todos presos; ordena que sejam levados para fora.

O camburão parou defronte da porta e seu motor é ouvido em ponto morto, enquanto os vários comerciantes-policiais reentram para recuperar suas bagagens. O pequeno detetive é o último a sair, levando ostensivamente com ele o saco que estava debaixo da mesa, para onde o chefe dos salteadores o jogara.

Após uma pausa, ouve-se nos bastidores o motor do veículo arrancar de novo até que o ruído se dissipa na distância. Somente o palco deserto e desordenado é o remanescente mudo da atmosfera do pequeno drama que acabou de ser encenado. Assim se mantém por alguns momentos, até que a imobilidade é quebrada pelo cair do pano.

2. A sala de operações

São três horas da manhã no hospital.

Na tarde anterior, um eminente estadista estrangeiro em visita ao país sofreu um acidente de automóvel quando regressava de um banquete solene em sua honra.

O que no começo se pensava ser um ferimento sem importância na cabeça mostrou ser uma séria fratura craniana à medida que, no decorrer da noite, novos exames eram feitos. Os auxiliares do diplomata, assim como os funcionários do governo do país que ele estava visitando, mostram-se gravemente preocupados. Pela manhã, as notícias estarão correndo mundo. Os povos de ambas as nações manifestarão seu alarme. Assim, o mais famoso neurocirurgião do país teve de saltar da cama e ser levado às pressas ao hospital.

A improvisação começa com a sala de operações às escuras. Uma auxiliar de enfermagem entra e acende as luzes. O superintendente do hospital entra em seguida, logo acompanhado de enfermeiras, a quem ordena que preparem a sala para a grande operação de emergência. Em rápida sucessão, aparecem o médico responsável pelo diagnóstico, o especialista em raios X e o anestesista. Todos se entregam a suas respectivas tarefas com semblante preocupado e desenvoltura profissional.

A atmosfera é de grande expectativa e de responsabilidade extraordinariamente pesada. A reputação do hospital e o destino das relações futuras entre os dois países dependem do êxito da operação.

O grande neurocirurgião não tarda a aparecer também. Examina o laudo do colega que fez o diagnóstico e as chapas de raios X, confere o equipamento e o pessoal, dá novas instruções. Então as enfermeiras auxiliam a ele e a seus assistentes a lavar as mãos e a vestir toda a indumentária cirúrgica.

Quando tudo está a postos, o paciente (mais imaginário do que real) é trazido na maca e transferido para a mesa de operações. Está anestesiado e recebeu transfusões de sangue.

Finalmente, a operação começa nessa atmosfera tensa, com o célebre cirurgião e dois assistentes debruçados sobre a cabeça do paciente. A maior parte dessa ação é em pantomima, e os instrumentos e demais parafernálias são passados e retirados principalmente por sinais de mãos.

Mas, durante a operação, desenvolve-se uma crise. O anestesista adverte que o pulso do paciente está ficando perigosamente baixo e sua respiração mais pesada e espasmódica.

As indicações e reações são de que o paciente está fugindo rapidamente ao controle médico. É um momento de enorme tensão.

Em conseqüência disso, o neurocirurgião é compelido a tomar uma decisão drástica: injetar uma nova droga, que o paciente talvez não seja capaz de suportar em suas condições atuais ou que lhe prolongará a vida até que a cirurgia esteja concluída e suas funções normais recuperadas. É uma probabilidade de meio por meio. O cirurgião ordena que a nova droga seja injetada.

A operação prossegue. Alguns instantes depois o anestesista, agora o centro das atenções, informa que o pulso está ficando mais forte e a respiração melhor. O paciente está resistindo e agüentando firme. A tensão diminui um pouco.

Finalmente, a operação termina – e coroada de êxito.

O paciente é levado na maca para fora. Assistentes e demais pessoas parabenizam o grande cirurgião por sua perícia e audácia. A atmosfera é de grande satisfação, enquanto as enfermeiras ajudam os médicos a despir suas vestimentas cirúrgicas e a lavar-se.

Quando alguns dos médicos assistentes estão prestes a partir, fazem uma pausa para repetir suas congratulações ao grande homem e despedir-se dos colegas. Nesse meio tempo, as enfermeiras estão arrumando a sala e saem, uma por uma, quando concluem suas tarefas.

Todos se dispersam, exceto o cirurgião e a auxiliar de enfermagem. Ela o ajuda a vestir o sobretudo e acompanha-o até a porta. Ele dá uma última olhada pela sala onde um grande evento histórico acabara de ocorrer. Sua satisfação é evidente. A jovem auxiliar de enfermagem apaga as luzes e cai o pano, tal como subira, sobre a sala de operações às escuras.

3. Triângulo circense

As personagens são membros de um famoso circo internacional. Seus atos são de primeira categoria, e eles são tão conscienciosos e convivem tão amistosamente há tantos anos que constituem virtualmente uma grande família, compartilhando da fama e da fortuna da empresa.

A cena é a área de pequenas tendas que servem de camarins para os artistas, situadas atrás do grande picadeiro. É o momento de um intervalo do espetáculo, e os artistas estão descansando ou fazendo preparativos para a segunda parte do *show*. Diante de uma dessas tendas de lona estão o Palhaço e sua mulher, que é a Amazona do circo; ele a ajuda a acolchetar nas costas o corpete que ela usa em seus números. Num banco perto da tenda vizinha estão sentados o Diretor, fumando, e o belo Trapezista, que está atando um par de sapatilhas e testando com uma barra de ferro se elas se adaptam bem para o emocionante clímax de seu ato. Numa outra tenda, acrobatas de ambos os sexos estão dormitando. Nas proximidades, ainda outras tendas semelhantes revelam, como se fossem pequenas vinhetas, diversos aspectos da vida típica de um circo. Não há, porém, animais ou amestradores à vista, pressupondo-se que estejam espalhados pelos terrenos adjacentes.

Todos tagarelam, zombando sobretudo do Diretor tradicionalmente pessimista, e comentam como o espetáculo corre às mil maravilhas e atrai as maiores multidões já vistas nessa cidade. É uma atmosfera de bons sentimentos, respeito mútuo e tolerância, tão comuns em famílias que estão unidas por um negócio estabelecido de longa data e bem-sucedido.

Quando a cena introdutória já se desenrolou suficientemente, o Diretor consulta seu relógio e anuncia que é hora de iniciar a última parte do *show*. Sai e logo se faz ouvir seu apito nos bastidores, e a banda ataca um dobrado. Depois, ao ouvirem suas chamadas, alguns dos artistas correm para fora, a fim de apresentarem seus números, voltando após intervalos adequados. Há um fluxo constante dessa atividade rotineira.

O Palhaço, a Amazona e o Trapezista permanecem, aguardando aparentemente suas respectivas vezes. O último parece estar tendo problemas com as sapatilhas, desatando-as, atando-as de novo e voltando a testá-las impacientemente, à medida que se aproxima o momento de sua entrada em cena; ainda está mexendo e remexendo nelas quando se ouve anunciado no picadeiro, e sua impaciência aumenta; mal completara seus preparativos quando o agitado Diretor entra de supetão e ordena que se apresse. O Diretor faz sinal para que volte a tocar a música de entrada do Trapezista, e este acompanha-o ao picadeiro.

Os movimentos e as mudanças de roupas entre os números prosseguem como antes, com o Palhaço e a Amazona ajudando agora os outros, sempre que solicitados.

De súbito, ouve-se um coro de gritos nos bastidores, seguido de um vociferar ensurdecedor e de mau agouro da multidão. O elenco imobiliza-se, como que petrificado. Essa tempestade de vozes e gritos excitados só pode significar uma coisa: um acidente, o terror que flagela todo o mundo circense. Depois, como que liberados pelo silêncio tumular que se seguiu, os artistas precipitam-se para a entrada do picadeiro, amontoando-se e espichando o pescoço na ânsia de terem um relance da tragédia. Lentamente, o grupo de artistas desfaz-se para formar um corredor, através do qual o Diretor e um par de acrobatas carregam o corpo inerte do Trapezista e o colocam perto de sua tenda.

Ocorre então algo surpreendente. Com um grito de angústia, a Amazona avança do grupo de artistas e precipita-se para o prostrado Trapezista, murmurando e soluçando, aconchegando a cabeça dele em seus braços e beijando-lhe o rosto pálido de morte!

As implicações são óbvias. Os artistas ficam, de início, chocados com essa revelação incontrolável do amor da Amazona pelo homem acidentado; e depois constrangidos por causa do Palhaço, seu marido. Jamais semelhante mancha enodoara antes a vida familiar do circo. O Palhaço está igualmente constrangido com o transporte emocional da mulher, e a descoberta desse caso de amor ilícito deixou-o sem fala.

Durante vários momentos, os artistas não se movem, como que imobilizados por uma situação tão embaraçosa, olhando pateticamente para o Palhaço e trocando olhares entre si a fim de confirmar suas próprias reações. Só o Diretor tem suficiente presença de espírito para ordenar-lhes que se dispersem e tratem de suas vidas, dando prosseguimento ao espetáculo. O médico já foi chamado, diz ele, e cuidará da vítima.

Os artistas espalham-se e reatam seus movimentos como antes, tentando polidamente ignorar a incômoda cena da infeliz mulher e seu amante, e o Palhaço permanece imóvel e estupefato, de olhos pregados em seus traidores.

O médico entra apressado e, soltando o homem inconsciente do abraço da mulher tresloucada, começa a cuidar dele. Então, como se por uma decisão súbita, o Diretor ordena ao Palhaço que entre no picadeiro e apresente seu número para fazer a multidão acalmar-se e voltar ao normal com algumas gargalhadas. Acompanha o Palhaço rumo ao picadeiro e logo se ouve anunciá-lo.

Enquanto o Palhaço está fazendo seu número, nos bastidores o médico ocupa-se do acidentado. Seu exame não revela lesões graves, de modo que começa administrando-lhe remédios que o reanimam. Não tardam os primeiros sinais de movimento e, enquanto o Trapezista recupera lentamente a consciência, a Amazona começa a retomar a compostura.

Quando o Palhaço retorna do picadeiro, o médico faz o Trapezista sentar-se, garantindo-lhe que não sofreu nenhuma contusão grave e felicitando-o por sua sorte milagrosa. Depois de instruí-lo para que fique em repouso um par de dias, o médico sai, deixando o trio do Palhaço enganado e dos amantes expostos.

As idas e vindas dos outros artistas transcorrem agora a uma certa distância. Eles evitam a cena, afastam-se apressadamente, e aqueles que não são solicitados no picadeiro retiram-se para a privacidade de suas tendas, baixando as cortinas. O Trapezista, ignorante do que transpirara enquanto estava inconsciente, está intrigado pelo desinteresse e até frieza deles, pelos esforços deliberados que fazem para evitá-lo, depois de uma queda que poderia ter sido fatal, e pela atmosfera totalmente estranha. E desconcertam-no completamente o nervosismo angustiado da Amazona e os olhares tensos e silenciosos do Palhaço.

Ainda não cai o pano – não até que o grupo possa fornecer uma conclusão satisfatória para essa improvisação. Como pode terminar, como deve terminar, sem ser um desfecho banal ou excessivamente melodramático?

4. Tarde de domingo

O local é o lar de uma família da baixa burguesia, numa cidade provinciana algures no Sul da França. A família é um desses prolíficos clãs com numerosos tios, tias, primos e cunhados.

O tempo é uma enfadonha tarde de domingo, e faz um calor sufocante. Todos estão indolentes, refestelados em espreguiçadeiras, tentando não parecer excessivamente entediados em suas engomadas roupas dominicais.

Os homens teriam preferido ir fazer a sesta à sombra de uma frondosa árvore, ou ficar contando histórias no ambiente frio da adega, se não fossem as mulheres; e as mulheres, sem dúvida, teriam preferido ficar em *déshabillé* em seus *boudoirs* ensombrados, não fosse o fato de não poderem continuar evitando o convite ao Sr. Pichaud, o idoso farmacêutico local, que já devia estar a caminho para sua visita periódica... e todos sabiam que tremendo chato ele era.

Ouviram ranger o portão do jardim, e um dos homens reuniu forças suficientes para comentar que o Sr. Pichaud estava chegando cedo demais. Talvez ele também saia mais cedo, disse outro, esperançosamente.

Mas, em lugar do Sr. Pichaud, é o Sr. Labatte quem bate à porta e é convidado a entrar. A surpresa da família é dupla quando se dá conta de que o Sr. Labatte não está fazendo uma visita puramente social. Pois o advogado, tão bom como amigo quanto como advogado, está carregando sua velha pasta.

Entretanto, o Sr. Labatte é um sujeito hábil. Não revela imediatamente, nem por algum tempo, o objetivo de sua missão; pelo contrário, mostra-se recatado, desperta-lhes a curiosidade para que especulem sobre a importante razão que o levaria a perturbá-los num fim de semana e a sair de casa num dia tão quente, inquieta-os com reminiscências que demonstram como sempre foi um bom amigo da família e deixa cair insinuações de que está prestes a tornar-se seu maior benfeitor.

Estourando de curiosidade, a família persuade-o, enfim, a que entre logo no assunto. Torturante e penosamente, o advogado avizinha-se do grande momento de sua revelação.

Será que se lembram de uma ovelha negra da família, chamado Pierre Louis, um primo solteirão em segundo grau, com quem eles não queriam ter nada a ver?

Há reações mistas na família: uns franzem o cenho, outros encolhem-se, alguns entreolham-se e há os que pressentem problemas, os que torcem o nariz desdenhosamente, indicando todos que estão terrivelmente decepcionados.

O Sr. Labatte suplica-lhes que sejam caridosos, pois se deve mostrar piedade na morte, quando não em vida, especialmente quando o primo solteirão se corrigiu depois que foi afastado pela família. Não voltara as costas aos muitos filhos que fizera por aí e, com seu falecimento, deixara toda a sua fortuna de quase um milhão de francos – a quem? – *Ah, mais oui!* É claro! Nem mais nem menos do que à família que o Sr. Labatte estava visitando nesse momento.

Houve um silêncio de estupefação, depois suspiros e arquejos – e palavras logo abafadas, pois não seria conveniente proferi-las naquele momento. Os membros da família trataram de ser mais cuidadosos em conter sua alegria e, a bem das aparências, tentaram até manter a dignidade de parentes enlutados.

Mas o esforço mostrou ser excessivo para todos eles. Gradualmente, incapazes de suprimirem seus verdadeiros sentimentos por muito tempo, relaxaram suas maneiras. As máscaras não tardaram a ser descartadas; estão num estado de espírito de celebração festiva e estourando de alegria. Para comemorar o acontecimento, o chefe da família traz da adega uma rara garrafa de conhaque, que só era destinada a ocasiões muito especiais, e as mulheres vão buscar copos e bolos.

Então, justamente no momento em que saltava a rolha, ouve-se uma lenta e metódica batida na porta. *Mon Dieu!* Meu Deus, deve ser o Sr. Pichaud, o velho farmacêutico. Tinham esquecido completamente essa visita. Agora, certamente, ele ficaria por mais tempo, falaria pelos cotovelos, e nunca mais conseguiriam livrar-se dele.

Instantaneamente, o chefe da família salta para a porta e orienta os outros enquanto fica encostado nela, impedindo-a de abrir. Com uma agitação conspiratória, a garrafa é escondida, os bolos desaparecem, os copos são retirados da sala, o documento legal reposto na pasta enfiada debaixo de um sofá. Depois, quando tudo está arrumado num pacífico *tableau* de tarde de domingo, a nova batida do Sr. Pichaud na porta é atendida e ele admitido.

Depois da convencional troca de saudações, a família não encontra muita coisa a dizer ao velho boticário, mas este não se dá por achado e deflagra sua lenga-lenga habitual. Discorre sobre o tempo, discursa sobre medicamentos modernos e como estes escarnecem da antiga e nobre profissão de farmácia; queixa-se de seus achaques e faz uma descrição das mais recentes estatísticas vitais da cidade. Ele é praticamente um monólogo em carne e osso, e seus ouvintes estão torturados de morte, desesperadamente ansiosos para voltar à celebração interrompida. A pergunta sobre como livrar-se do velhote está estampada em todos os rostos. Momentos depois, alguns membros da família fingem ouvi-lo e estar de acordo, outros mantêm descaradamente conversas paralelas, e um par de mulheres ri desrespeitosamente e sai da sala.

Finalmente, o Sr. Pichaud indica não estar tão caduco que não pressinta algo estranho em suas atitudes, que não fora bem-vindo por alguma razão e que eles estavam tentando esconder-lhe alguma coisa. E, como não houve esforço nenhum para entretê-lo nem há indícios de que lhe pretendam servir nem mesmo um refresco, o Sr. Pichaud logo encontra uma desculpa para despedir-se.

Depois que o Sr. Pichaud parte, o silêncio só é mantido até se ouvir bater o portão do jardim. Então é impossível conterem-se por mais tempo. Os bolinhos e os copos reaparecem, a garrafa de conhaque materializa-se – e muitas outras com ela. Bebem à saúde uns dos outros, e à doença que levara o pobre primo Pierre Louis para um mundo melhor; bebem por todos os francos que os aguardam, e o Sr. Labatte bebe por seus honorários. Bebem a qualquer coisa que alguém sugira, em sua orgia de júbilo.

Pouco antes de cair o pano, eles decidem partir imediatamente para Paris e começar gastando parte do dinheiro antes que apareça mais algum pretendente.

5. Paisagem marinha

Durante dois dias, uma tempestade esteve varrendo o mar com ininterrupta violência. É desconhecida a sorte dos quatro barcos pesqueiros que tinham saído há quase uma semana e já deviam estar agora de volta.

Na praia da velha aldeia de pescadores estão reunidas as famílias dos desaparecidos e seus amigos, aguardando soturnamente sob a chuva, espiando esperançosamente o horizonte agreste em busca de um sinal dos barcos e seus tripulantes.

A atmosfera é de esperança, mas também de medo, misturando-se ao desespero e a uma paciência estóica nascida de longa tradição.

Num dado momento, alguém parece ter avistado um objeto distante – poderia ser um barco, talvez dois – batendo-se valentemente com a tempestade na furiosa vastidão do mar. Binóculos mais potentes revelam ser somente um barco, criando seu mastro a impressão de um outro a seu lado.

Qual dos pesqueiros seria não pode ser imediatamente determinado, mas, quando se levanta e é possível obter uma melhor visão, seu convés parece estar apinhado de pescadores. Isso só pode significar uma coisa para os que estão na praia: que os outros barcos naufragaram e alguns de seus tripulantes foram resgatados por aquele.

Mas que barcos se perderam – e quem, entre suas tripulações? O *suspense* é enlouquecedor, e alguns homens mais corajosos da aldeia resolvem sair para o mar em salva-vidas para ajudar a rebocar o barco destroçado e seus tripulantes exaustos.

Quando cada salva-vidas vara finalmente na praia e despeja sua carga de pescadores resgatados, torna-se cada vez mais claro quais famílias estão sofrendo perdas e quais recuperam seus entes queridos. Por exemplo, uma garotinha pensa ter reconhecido seu pai e corre para beijá-lo – para logo recuar quando percebe ser o pai de outrem.

Também é perceptível a existência de barreiras psicológicas, assim como diferenças psicológicas, nas reações de ambos os lados. Os afortunados não podem expressar todo o seu contentamento tão abertamente quanto gostariam na presença da infelicidade dos outros, e os infelizes não podem ser tão desumanos que invejem ou ignorem a alegria dos que tiveram melhor sorte, mesmo em face de suas próprias tragédias.

O que acontece então? As pessoas enlutadas distanciam-se das que rejubilam e formam grupos separados, ou o quê? Como reagem numa situação como essa?

6. O conflito

Na vasta região agrícola em que instalou sua clínica, o Dr. Starke é o único médico num raio de duzentas milhas.

Mas o dedicado médico não tem podido fazer suas visitas há vários dias e reza para que não o chamem para longe de seu pequeno lar-hospital. Pois, de momento, sua menina, filha única, está de cama, criticamente doente de uma perigosa infecção.

Ele, sua mulher e uma enfermeira revezam-se, fazendo tudo de que são capazes o engenho humano e a ciência médica, num esforço para salvar a criança. Agora ela está nas fases finais da crise que a vitimou. Sua vida está suspensa em delicado equilíbrio, e um momento de negligência poderia ser fatal. E, embora esteja mais exausto que a esposa, o médico insiste em manter ele mesmo essa última vigília, para que não haja a mínima possibilidade de erro.

Então, o que o médico rezara para que não ocorresse aconteceu. O Sr. Bloom, seu vizinho da fazenda mais próxima, vem chamá-lo para um caso de emergência. A Sra. Bloom sofreu um ataque cardíaco!

A esposa do médico não quer deixá-lo ir; o médico explica por que não pode atender ao chamado imediatamente. Predomina um sutil conflito psicológico. O médico deixará a criança? E se se recusar a ir ver a mulher? Os dois homens compreendem-se mutuamente.

Mas como resolveria o grupo essa situação sem interpretá-la colericamente, sem rudeza e sem rancor?

7. A estréia do diretor

Julian Wells é um diretor teatral muito jovem, terrivelmente sincero e ainda imune a influências perniciosas. Seu entusiasmo e sua ilimitada paixão pelo trabalho granjearam-lhe rápido sucesso – e Hollywood apoderou-se dele logo no início de sua carreira.

Assim, encontramo-lo no *set* de um estúdio ensaiando a primeira grande cena de seu filme de estréia. Sua energia é contagiante; estimula até o intérprete da mais insignificante "ponta" e é cortês com todo o mundo, desde os astros até os mais humildes trabalhadores. O *set* é uma pequena ilha de amabilidade, harmonia e *élan* vital.

O êxtase do elenco aumenta à medida que se repetem os ensaios, e, quando interpretam a cena pela última vez, esta é executada com tanta perfeição que todos estão delirantemente felizes.

O estado de inspiração artística ainda prevalece quando se iniciam os preparativos para as filmagens; parece fluir do jovem manancial e impregnar todos eles. Finalmente, a cena é filmada. É uma jóia tão refulgente, tão impecável em todos os detalhes que só foi necessário um *take*.

Ao grito de "Corta!", há um momento tenso de contido temor, e, depois, o *set* explode em expressões de júbilo. Felicitam o diretor, as atrizes abraçam-no e todos se cumprimentam prodigamente. Nunca, na opinião deles, uma cena tão brilhante fora imortalizada até esse dia por uma câmera. E, como que para sublinhar a festiva ocasião, chegam aplausos dos escuros recessos onde trabalha o pessoal do som.

Todos se voltam para o ponto donde tinham partido os aplausos e vêem o produtor e seu séqüito de puxa-sacos surgirem do escuro, onde tinham silenciosamente observado a filmagem. Tudo fora excelente, soberbo – e bom, também –, assegura o produtor, e seu séqüito apressa-se a concordar com efusivos meneios de cabeça. Mas...

O produtor começa então a fazer sugestões – "apenas sugestões, entendam" – para melhorar isto e aquilo. As cabeças dos puxa-sacos continuam meneando em total acordo.

Gradualmente, a atmosfera e o estado de ânimo de todos mudam. Enquanto o produtor desmonta, peça por peça, toda a estrutura perfeita da cena, o espírito do diretor, do elenco e do pessoal técnico afunda cada vez mais.

Discordando das "sugestões", humilhado diante da companhia, o diretor começa defendendo a si mesmo e aos outros, e a irritação aumenta minuto a minuto. Os atores constrangidos desaparecem aos poucos do *set*, como se conhecessem a futilidade do gesto do diretor e qual seria o desfecho. Os técnicos recuam e seguem na esteira do elenco, sumindo também.

A sós com seu séqüito e o diretor, o produtor dá seu ultimato: ou o diretor fará aquela cena de novo, do jeito que o produtor quer, ou um outro diretor a fará.

No final da improvisação, o jovem diretor, desamparado, sua alma chamuscada no batismo de fogo hollywoodesco, está se reprimindo, a cabeça entre as mãos, debatendo intimamente as coisas que muitos jovens debateram antes dele, do mesmo modo e pelas mesmas razões.

8. Parem de rir!

Tortolino é um velho e famoso palhaço. Sua filha pensa não haver ninguém mais divertido. Ele acha seu protegido, Sasso, um moço talentoso, a quem treinou para lhe seguir os passos. Com esse vínculo reforçando sua afeição mútua, Sasso e a jovem apaixonaram-se e casaram-se recentemente. Após o que o velho palhaço reformulou sua apresentação a fim de formar uma parceria com seu genro.

Mas Sasso provou ser tão superior que, em cada *performance*, rouba o espetáculo do velho. Não demorou muito para que o jovem se tornasse o astro de seus números e o velho palhaço mal se mantivesse como apagado coadjuvante.

Tortolino gostaria de sentir-se feliz, mas não consegue evitar uma sensação de terrível mágoa. Está orgulhoso de sua criação, feliz com a recém-encontrada felicidade do jovem casal, mas ferido com a perda de prestígio que deve suportar em silêncio.

Nessa noite da improvisação, como é costume todas as noites depois do espetáculo, os três preparam-se para cear juntos. Os noivos estão exultantes com seu casamento e com o êxito que começa a acompanhá-los mas devem suprimir sua alegria porque o velho palhaço está sentindo profundamente seu próprio declínio. Pior ainda, nessa noite a moça descobriu que o pai anda bebendo secretamente, coisa que nunca fizera antes. Conversam constrangidamente durante a refeição, mas é impossível deixar de refletir a situação e o impasse a que ela chegou.

É uma atmosfera sumamente embaraçosa. Tentam evitar falar de assuntos profissionais e não encontram muito mais sobre o que conversar que não reflita a ignominiosa situação do velho. O que podem dizer? Qualquer coisa que um deles diga soará falso. O que podem fazer? Parece não haver solução. A felicidade que todos haviam esperado e conquistado converteu-se em amargura e azedume.

Durante a ceia, o velho palhaço pede desculpas e levanta-se da mesa por várias vezes. A filha sabe que ele vai bebericar às escondidas e hesita em contá-lo a Sasso, no receio de agravar ainda mais o dilema do marido. Mas Sasso não tarda a perceber o que está acontecendo. Tortolino está cada vez mais ébrio toda vez que volta à mesa e começa a olhar e a reagir desconfiado ao silêncio deles, a seus olhares apreensivos e a tudo o mais que eles fazem. Pede novamente desculpas e diz boa-noite.

Quando Tortolino sai, está completamente ébrio pela primeira vez em sua carreira, e os pesarosos jovens sabem que essa não será a última. Pois, quando o velho palhaço chega à porta, volta-se para o casal e, com toda a angústia de seus sentimentos refreados e de sua frustração, grita: "Parem de rir!"

9. O preceptor

Para ganhar algum dinheiro extra, um estudante universitário pobre está dando aulas particulares de matemática a uma adolescente sardenta e de família abastada. Para o pai dela, a moça é uma cabeça-oca, para o preceptor é uma pirralha ardilosa e enredadora.

A aula está correndo toleravelmente bem até que o preceptor dá a sua aluna um problema que ela não consegue resolver. Vingativamente, ela desafia o preceptor a resolvê-lo ele mesmo. E ele tampouco consegue encontrar a solução! Pigarreira, hesita, renova suas explicações, recorre a frases de duplo sentido – mas não dá com a resposta certa. A aluna extrai um prazer sádico do desnorteamento do rapaz; manobra-o como uma veterana.

Para aumentar o embaraço do preceptor, o Papai, que é quem paga, entra nesse instante e senta-se, para testemunhar os progressos da filha. O preceptor tenta desviar-se para um novo problema, mas a perversa garota desafia-o a que volte ao difícil. Ele tenta de novo, por várias vezes, mas em vão. Então o Papai, percebendo que o preceptor está confuso, mostra a ambos como resolver o problema.

Agora, o universitário está dolorosamente embaraçado e espera que, a qualquer momento, seja-lhe anunciado o fim de seus serviços. Mas Papai revela-se um bom sujeito, tenta minimizar o incidente, explica que ele esbarrara justamente com o mesmo problema por diversas vezes quando jovem e, como consolação, convida o moço a ficar para o jantar.

O preceptor aceita e Papai deixa-os para que prossiga a aula. Mas, quando recomeçam, a menina tem um lampejo triunfante e astuto nos olhos, e fica evidente por suas risadinhas irônicas que, no futuro, terá o controle da situação como sempre tem em tudo.

10. Bloqueados

Um grupo de turistas está sendo conduzido através de uma famosa mina de cobre em Montana, mil e quinhentos metros abaixo da superfície da terra. Formam um grupo heterogêneo, um conglomerado de tipos e caracteres que dificilmente se encontrariam reunidos em quaisquer outras circunstâncias.

Além do guia, o grupo inclui (talvez entre outros) um corretor da Bolsa e um vigarista que está aguardando sua oportunidade para o defraudar, a esposa do corretor, duas professoras, uma prostituta, um casal em lua-de-mel, um homicida e um detetive em sua pista, um alcoólatra incurável e uma jovem que sabe ter seus dias contados por uma doença fatal e está, portanto, preenchendo seus dias com o que talvez sejam as últimas férias de sua vida.

O elevador acaba de largá-los no fundo e volta a subir o poço, deixando os turistas para se acostumarem à penumbra e à atmosfera cavernosa. Então, justamente no momento em que o guia os instrui para que acendam suas lanternas e se prepara para conduzi-los mais adiante no interior da mina, há o estrondo ensurdecedor de uma tremenda explosão. O grupo é jogado ao chão pelo impacto. Toneladas de rocha e de resíduos descem em cascata pelo poço do elevador e obstruem a entrada da mina. Pressões incalculáveis convertem os destroços numa massa compacta. Os turistas estão completamente bloqueados!

Quando se recuperam do choque da explosão e da avalancha, sofrem ainda um outro choque ao perceberem que estão seriamente emparedados. Suas naturezas ocultas vêm à tona nesses minutos de pânico. A jovem noiva grita seu terror; o corretor da Bolsa exige que o guia faça alguma coisa; sua esposa desmaia e a prostituta procura reanimá-la; o homicida e o detetive apanham duas pás e começam a cavar desesperadamente um túnel; o alcoólatra procura o frasco de bolso para um trago muito necessário, descobrindo que ficou estilhaçado – e assim por diante para o resto das personagens.

Em resumo, nessas primeiras reações ao sepultamento, o egoísmo de cada um afirma-se. Depois, quando o desenrolar dos acontecimentos indica que eles estão sendo lentamente cortados de todo contato com possíveis turmas de resgate, quando a fome e a sede aumentam, as pilhas das lanternas começam a enfraquecer e a luz começa a se extinguir, quando se apercebem de que, em virtude da avaria no sistema de ventilação, o oxigênio está sendo consumido pelos gases tóxicos subterrâneos – então o egoísmo converte-se em ódio e manifesta-se em todas as palavras e gestos.

Condenados à morte, lutam contra ela como animais cruéis e predatórios, acusando-se mutuamente por suas próprias deficiências, transferindo as responsabilidades pela situação, escarnecendo uns dos outros por sua inépcia para encontrar uma saída. Os que têm vingança em seu íntimo descarregam-na, os que têm covardia exibem-na e os que têm misericórdia e indulgência retêm-nas.

Entretanto, há um profundo e inabalável senso de camaradagem, de solidariedade em todos nós, que brota para a vida quando a iminência da morte é final e conclusiva. Tal momento chega para essas vítimas quando reconhecem que toda esperança acabou e enfrentam o inevitável, que todos devem morrer e o melhor que têm a fazer é aceitar esse fato.

A partir desse momento inicia-se uma inversão, um abandono de todas as fragilidades e abominações mortais. Por vários atos, gestos e sacrifícios, revelam de si mesmos aquilo que é mais desejavelmente humano e verdadeiro, tudo o que é basicamente bom e sinceramente altruísta.

O que é que fazem ou como indicam que estão convertendo esses últimos minutos de vida numa Utopia até então inatingível, eis o desafio de improvisação para o grupo, tais como foram as anteriores oportunidades oferecidas nesse exercício para o desenvolvimento de incidentes condizentes com cada personagem. Mas a impressão resultante deve ser tão convincente que justifique o comentário de um deles quando observa que nunca tanta paz e harmonia reinou antes entre seres humanos. Além disso, ele sabe que isso terminará, que todos reverterão a suas antigas personalidades se por acaso forem resgatados – e reza para que tal não aconteça!

Se finalmente serão resgatados ou não, e como reagirão se o forem, são ainda outras latitudes de improvisação que o grupo pode aceitar ou declinar, dependendo do objetivo particular para o qual o exercício foi selecionado.

Impresso por :

gráfica e editora

Tel.:11 2769-9056